闽南文化丛书

MINNAN
MINJIAN
XINYANG

总主编 陈支平 徐 泓

闽南民间信仰

主 编 连心豪 郑志明

海峡出版发行集团
福建人民出版社

图书在版编目（CIP）数据

闽南民间信仰／连心豪，郑志明主编. ﹣﹣2版. ﹣﹣福州：
福建人民出版社，2023.9
（闽南文化丛书）
ISBN 978-7-211-08275-9

Ⅰ.①闽…　Ⅱ.①连…　②郑…　Ⅲ.①信仰—民族文
化—研究—福建　Ⅳ.①B933

中国版本图书馆 CIP 数据核字（2020）第 003152 号

（闽南文化丛书）

闽南民间信仰
MINNAN MINJIAN XINYANG

作　　者：连心豪　郑志明　主编
责任编辑：史霄鸿
责任校对：李雪莹
出版发行：福建人民出版社　　　　　电　　话：0591-87533169（发行部）
网　　址：http://www.fjpph.com　　电子邮箱：211@fjpph.com
地　　址：福州市东水路 76 号　　　邮政编码：350001
印　　刷：上海盛通时代印刷有限公司
地　　址：上海市金山区广业路 568 号　电　　话：021-37910000
开　　本：700 毫米×1000 毫米　　1/16
印　　张：12
字　　数：154 千字
版　　次：2023 年 9 月第 2 版　　　2023 年 9 月第 1 次印刷
书　　号：ISBN 978-7-211-08275-9
定　　价：52.00 元

增订版说明

  《闽南文化丛书》自出版以来，受到社会各界的普遍肯定；初版之书，也早就销售一空。许多读者通过不同的渠道，向我和其他作者，向出版社，征询购书途径，以及何时可以购得的问题，我们都愧无以应。

  我认为，《闽南文化丛书》得到广大读者的接受和肯定，根本的原因，在于闽南历史文化自身无可替代的精神魅力。我们在丛书中多次指出：闽南文化是中华文化的一个重要组成部分，同时又是中华文化中的一个极具鲜明特色的地域文化。中华文化的核心价值促进了闽南文化的茁壮成长，而深具地域特色的闽南文化又使得中华文化显得更加丰富多彩。闽南文化是一种辐射型的区域文化，闽南文化既是地域性的，又带有一定的世界性。深具东南海洋地域特色的闽南文化，以其前瞻开放的世界性格局，在中华文化的对外传播乃至世界文明的发展史上，留下了不可磨灭的足迹。

  当今世界，国际化的潮流滚滚向前。我们国家正顺应着这一世界潮流，大力推进"一带一路"建设的宏图。而作为中国海上丝绸之路核心区的福建特别是闽南区域，理应在国家推进"一带一路"建设的宏图中奋勇当先，追寻先祖们的足迹，不断开拓，不断创新。正因为如此，继承和弘扬闽南历史文化，同样也是我们今天工作事业中所不可忽视的一个重要组成部分。

从我们自身来说，虽然《闽南文化丛书》的问世受到社会各界的普遍肯定，深感欣慰，但是总是感到丛书还是存在不少有待修改提高的地方。出版社方面，也希望我们能够对丛书进行修订，以便重新印行出版。不过碍于种种的原因，或是各自的工作太忙，无法分身；或是年事已高，心有余而力不足，竟然一拖再拖，数年的时间，一晃而过。自 2016 年下半年时，我们终于下定决心，组织人员，原先各分册作者可以自己修订者，自行修订；原先作者无法修订者，另请其他人员修订增补。到了 2017 年 3 月，全部修订最终完成。

在这次修订中，由原先作者自行修订的分册有：《闽南宗族社会》、《闽南乡土民俗》、《闽南书院与教育》、《闽南民间信仰》、《闽南文学》。

其余分册，另请人员以增补章节的方式进行修订，各分册参加增补章节的人员及其增补章节分别是：

杨伟忠撰写《闽南方言》第四章《闽南方言的读书音与读书传统》；

庄琳璘撰写《闽南音乐与工艺美术》第七章《泉港北管》；

方圣华撰写《闽南戏剧》第二章《闽南戏曲主要剧种》；

林东杰撰写《闽南理学的源流与发展》第十二章《闽南理学家群体的多重面相》；

张清忠撰写《闽南建筑》第八章《金门的闽南传统建筑》。

此次修订，虽然增补了一些新的内容，但是我们内心还是感到离全面系统而又精致地表述闽南文化的方方面面，依然还有不少差距。这种缺憾，既是难以避免的，同时也为我们今后的研究工作留下了空间。我们希望与热爱闽南历史文化的社会各界同好们，共同努力，把继承和弘扬闽南历史文化的时代使命，担当起来，不断前进。

陈支平　徐　泓
2022 年 3 月 20 日
于厦门大学国学研究院

第一版总序

在社会各界的关心支持下,《闽南文化丛书》终于与读者见面了。我们之所以组织撰写这套丛书,主要基于以下的三点学术思考。

一,闽南文化是中华文化的一个重要组成部分,同时又是中华文化中的一个极具鲜明特色的地域文化。闽南文化的形成及发展,是漫长的历史演变与文化磨合以及东南沿海地带独特的地理环境等多种因素逐渐造就的。中华文化的核心价值培育了闽南文化,而深具地域特色的闽南文化又使得中华文化更加丰富多彩。当今,区域文化研究已经成为一个世界性的学术热点,从中华文化整体性的角度来考察区域文化,闽南文化的研究理应引起学术界的高度重视。

二,闽南文化是一种二元结构的文化结合体。这种二元文化结合体既向往、追寻中华核心主流文化,又在某种程度上顽固地保持边陲文化的变异形态;既依归中华民族大一统政治文化体制并积极为之做出贡献,又不时地超越传统与现实的规范与约束;既有步人之后的自卑心理,又有强烈的自我表现和自我欣赏的意识;既力图在边陲区域传承和固守中华文化早期的核心价值观念,却又在潜移默化之中造就了诸如乡族组织、帮派仁义式的社会结构。这种二元结构的文化结合体,可以把许多看似相互矛盾、相互排斥的人文因素,有机地磨合和交错在一起。也许正是这种二元文化结合体,在一定程度上滋生了闽南区域文化及其社会经济的持续生命力,从而使得闽南社会及其文化影响区域能够在坚守中华文化核心价值的同时，有所发扬，有所开拓。对闽南二元结构文化结合体的研究，应该有助于我们从宏观上审视中华文化演化史。

三，闽南文化是一种辐射型的区域文化。从地理概念上说，所谓闽南区域，指的是现在福建南部包括泉州、厦门、漳州所属的各个县市。然而从文化的角度说，闽南文化的概念远远超出了以上的区域。由于面临大海的自然特征与文化特征，闽南文化在长期的传承演变历程中，不断地向东南的海洋地带传播。不用说台湾以及浙江温州沿海、广东南部沿海、海南沿海，深深受到闽南文化的影响，形成了带有变异型的闽南方言社会与乡族社会，即使是在东南亚地区以及海外的许多地区，闽南文化的影响都是不可忽视的社会现实。因此，闽南文化既是地域性的，同时又是带有一定的世界性的。在当今世界一体化的趋势之下，研究闽南文化尤其深具意义。

闽南文化的内涵是极为丰富深刻的，其表现形式是多姿多彩的。为了把闽南文化的整体概貌比较完整地呈现给读者，我们把这套丛书分成十四个专题，独立成书。这十四本书，既是对闽南文化不同组成部分的深入剖析，同时又相互联系、有机地组成宏观的整体。我们希望通过这套丛书的出版，一方面有助于系统深入地推进闽南文化研究，另一方面则促进人们全面地了解和眷念闽南文化乃至中华文化，让我们的家园文化之情，心心相印。

最后，我们要再次对众多关心和支持本套丛书的写作和出版的社会各界人士，深致衷心的谢意！

陈支平　徐　泓
2007 年 10 月

目　录

海峡两岸人民共同的精神家园

——闽南与台湾民间信仰渊源关系概述

　　中华民族尤其汉族是个多神信仰的民族，汉族多神信仰的特点，突出表现为因地而异的民间信仰、品类众多的地方神系列。汉族多神信仰的原因，既与汉人分布地域广阔、地理环境差异而带有相对独立性有关，更因汉民族不断发展历史过程中所形成的兼容并蓄的文化传统。闽南是一个移民社会，由于独特历史、地理诸因素的作用，闽南既传承了中原民间信仰的传统，同时又带有鲜明的闽南地方特征。闽南移民在向外迁徙的过程中，又把闽南民间信仰广泛传播到我国台湾和东南亚各地。闽南民间信仰在影响台湾民间信仰的同时，也成为在台湾传播闽南文化的重要桥梁。

　　台湾的宗教、民间信仰几乎全和大陆有关，大多由移民传自一水之隔的闽南、粤东，与闽南关系尤为密切。寺庙宫观林立，神灵众多，信徒广泛，是台湾社会一大特色。据台湾有关部门1987年1月统计，全台共有各种宗教信徒598万余人，占当时台湾总人口的31％；登记的各种寺庙和教堂为11757座，未进行法人登记的有2万多家；全台共有神灵300多种，其中80％是从福建分灵过去的。[①] 台湾民间信仰既有自然崇拜，也有神灵崇拜，而以神灵崇拜为主。台湾民间信仰最重要的特征，即闽台民间信仰具有关联性、共同性、从属性。台湾民间信仰的神灵，诸如天公、观音、孔子、文昌、财神、灶神、八仙、各行业神及其他天

---

　　① 参见林其泉：《闽台六亲》，厦门大学出版社1992年版，第150页。

神、土地公、地狱神、有应公、义民爷及其他自然、动植物神灵等，绝大多数可以从闽南民间信仰中找到其原形。在台湾民间信仰林林总总的众多神祇中，以妈祖、王爷、保生大帝、临水夫人、开漳圣王、清水祖师、三平祖师、广泽尊王（郭圣王）、灵安尊王（青山王）及关帝、城隍等最具典型，最有特色，最能体现台湾与闽南民间信仰之间的历史渊源关系。妈祖是出自福建的世界级航海保护神，福建移民自然把祖籍地的妈祖奉为横渡台湾海峡、战胜惊涛骇浪的首选保护神。开发台湾之初，瘴气疠疫横行，于是驱瘟之神王爷、专业医神保生大帝、妇幼保护神临水夫人，这些闽南民间信仰神祇备受闽南籍移民崇奉。大陆渡台移民以闽南粤东为众，尤以闽南的泉州、漳州二府占绝大多数。闽南籍移民纷纷将祖籍地的神祇奉入台地，作为团结本府、本县移民的乡土保护神。泉属移民多奉祀清水祖师、广泽尊王、灵安尊王；漳属移民则奉祀开漳圣王、三平祖师。台湾的关帝、城隍信仰是闽南与台湾民间信仰渊源之深又一典型例证。关帝本是儒释道三教共祀的全国性显赫神祇，由于台湾各地关帝庙多分自泉州通淮关岳庙和漳州东山铜陵关帝庙，因此成为泉漳二府各属移民的保护神，也是闽南籍移民最普遍的一种民间信仰。城隍庙向为官设，虽然京城与省、府、州、县城隍爵秩品位有差，但各地城隍都有固定的辖境，互不干涉，因此城隍信仰崇拜从来并无分炉、分香、分灵之说。但闽台城隍信仰崇拜却打破了这一惯例定制，屡屡出现私设、分炉、分香之举。晋江永宁卫城隍于明嘉靖倭乱中移驾尚无建城的石狮，后又分灵各地，均属私设。随着大量移民渡台，永宁石狮城隍香火又分炉彰化鹿港分府城隍。无独有偶，台湾还有众多的清溪（安溪）城隍分香子庙。闻名遐迩的台北市大稻埕松山霞海城隍庙，或说是清溪城隍庙分炉，或说分自同安五乡庄。总而言之，台湾民间信仰与闽南民间信仰同根同源，一脉相承，密不可分，处处体现了海峡两岸之间亲密的人文历史渊源。

如果说宗教是因超凡脱俗的深邃哲理而颇具感召力，那么民间信仰则是以贴近民间、深入生活、富于乡土气息的草根性、人情味而有着旺盛生命力。台湾民间信仰蕴涵着中华民族传统历史文化的积淀，寄托着祖国大陆移民及其后裔对故乡故土的无限思念，是台湾同胞血缘乡土情结的外在表现。如前所述，闽南民间信仰在祖国大陆移民开发台湾历史过程中发挥了特殊的积极作用。当外族入侵时，台湾民间信仰的民族意识表现得尤其显著，很能体现台海两岸共同的民族文化心理，这是民间信仰民族性的集中体现。台湾民间流传着中法甲申沪尾之役中，霞海城隍和清水祖师派神兵助战，驱走法军的传说。日本殖民统治台湾时期，奉行殖民同化政策，极力推行"皇民化运动"，妄图在台湾消灭中华文化，泯灭台湾同胞的民族意识，割断台湾人民与祖国大陆的精神、文化渊源关系。正因为民间信仰具有强烈的民族意识，日本殖民者施行摧残台湾民间信仰的"寺庙神升天运动"，企图以日本神道教及其神社取代台湾民间信仰的神祇与庙宇。"被其废弃之神像，有福德正神、开漳圣王、关圣帝君、三官大帝、天上圣母、五谷神农大帝、义民爷、玉皇大帝、保生大帝、三山国王、大众爷"[①]。台湾同胞则针锋相对，借助传统民间信仰表达对日本殖民统治的反抗，寄托对祖国大陆的眷恋。台南学甲慈济宫每年农历三月十一日都隆重举行弘扬民族精神、遥祭大陆祖庙暨列祖列宗的"上白礁祭典"，连绵三百余年，从不间断。该宫还有一块"我台人士祖籍均系中国移来"的石碑保存至今。台湾同胞就是这样通过民间信仰来维系与祖国大陆血浓于水的民族意识和乡土情结。

---

① 《重修台湾省通志》卷三《住民志·宗教篇》，台湾省文献委员会1992 年版，第 1007 页。

　　有学者以社会组织形态的观点，将台湾民间信仰分为个体性的民间信仰与群体性的民间信仰（指地方社区或区域性人群之公众的祭祀组织与活动）两大类。群体性民间信仰又包含祭祀圈——"地方居民因共同的对天地神鬼之信仰而发展出来的义务性的祭祀组织"和信仰圈——"以一神为中心的区域性信徒之志愿性的宗教组织"。① 台湾各类民间信仰庙宇多以主祀神为主，分别组成多种庙团或联谊会等，以组织各信仰圈的建醮、进香、迎神等民间信仰活动。"台湾有一些历史悠久的庙宇发展成为进香中心，在各地有很多分香子庙，信徒常来进香，具有观光庙的性质，譬如北港朝天宫、新港奉天宫、台南天后宫、鹿港天后宫成为妈祖的进香中心，南鲲鯓代天府、荷婆仑的霖肇宫、水里巷的福顺宫是王爷的进香中心，松柏岭的受天宫是玄天上帝的进香中心"②。而台湾这些民间信仰宫庙和神祇的祖宫祖庙大多在闽南，台湾与闽南民间信仰同属一个信仰圈和祭祀圈。

　　自 1987 年 11 月台湾当局开放台胞赴大陆探亲、观光旅游以来，随着"探亲热"、"大陆热"、"寻根热"的不断升温，台湾各寺庙团体、神明会纷纷组织信徒，前来闽南进香朝圣、寻根谒祖，或捐资捐款，重修重建祖庙，掀起了一波又一波的民间信仰朝圣旅游热：到东山铜陵关帝庙挂香（刈香）的台湾各地关帝庙多达 300 多座；每年都有 10 万左右的台胞信众到莆田湄洲岛妈祖祖庙进香朝圣；到白礁、青礁慈济宫和泉郡富美宫、同安马巷池王宫寻根谒祖的台湾各地宫庙信徒络绎于途……广大台湾同胞对祖国故乡根土文化的热忱追寻，说明闽南民间信仰作为中华民族

---

① 林美容编：《台湾民间信仰研究书目·台湾民间信仰的分类》，"中央研究院"民族学研究所 1991 年版，第 Ⅸ 页。

② 林美容编：《台湾民间信仰研究书目·台湾民间信仰的分类》，"中央研究院"民族学研究所 1991 年版，第 Ⅷ～Ⅸ 页。

传统文化的有机组成部分，具有强大的生命力，无疑是一股不可忽视的民族向心力和凝聚力。闽南与台湾之间地缘、血缘及历史文化上源远流长的亲密关系是任何人、任何力量都无法分割的，任何企图使台湾脱离祖国的离心倾向是包括台湾同胞在内的海峡两岸中国人共同反对的。

毋庸讳言，民间信仰带有较浓厚的迷信和封建宗派色彩。针对这一情况，必须加强管理和宣传教育，应当继承和弘扬闽南民间信仰所蕴含的中华民族传统历史文化合理内核，汲取精华，剔除糟粕，尽可能减少、消除海峡两岸民间信仰文化交流中的消极负面影响，既要使之为当前的祖国统一大业服务，又要有利于社会建设与社会进步。这样才能使海峡两岸民间信仰文化交流与学术研究朝着健康的方向发展。

历史上，闽南的区域范围不一而同，除了泉州、漳州二府，还曾经包括兴化府和龙岩州、永春州、大田县。本书原则上以现行政区划泉州、漳州、厦门三市为限，但在追溯渊源缘起时偶尔会有所越出。否则，不能很好地反映历史原貌。

"闽俗好巫尚鬼"，尤以闽南为甚。闽南人"敬神如有神在"，"宁可信其有，不可信其无"，简直达到如痴如醉的地步。明代龙溪人张燮《清漳风俗考》云："每梵宫有所修茸，金钱之施，不呼而满。然多不媚道而佞佛，人家祈禳，置场甚尊，膜拜甚虔，焚香作供甚备，然又不信僧而信巫，此其不可解者。"清道光《厦门志》引述谢肇淛《五杂俎·人部》："……石狮无言而称爷，大树无故而立祀；木偶漂拾，古柩嘶风，猜神疑仙，一唱百和。酒肉香纸，男妇狂趋。平日扪一钱，汗出三日，食不下咽。独斋僧建刹，泥佛作醮，倾囊倒箧，罔敢吝啬。"① 民间信仰宫庙与宗祠曾经长期作为闽南地方政治、经济、文化的中心，在闽南和台

---

① 道光《厦门志》卷十五《风俗记》。

湾历史发展过程中起到了不可替代的作用。"在没有实施近代行政制度的时代里，寺庙是一种具有权力与武力的村落自治机关，在都市里就是各行会的自治机关。……台湾一向就是以一村必有一庙为原则，村落住民都是以庙的当然信徒自居"①。在闽南又何尝不是如此，几乎每个村社都有各自的社庙、社火。据统计，泉州市鲤城、丰泽、洛江三区共有民间信仰庙宇 310 多座；漳州市共有民间信仰庙宇 2806 座；厦门市共有民间信仰庙宇 1524 座，其中厦门岛内 211 座。民间信仰不仅与民众日常生活习俗息息相关，而且直接影响社会伦理道德观念与价值取向。其中遗存、折射着昔日辉煌的历史记忆，实乃闽南民众精神依托所在，是一笔弥足珍贵的非物质文化遗产。

闽南各地通常都有当地居民认为灵响卓著的神祇，诸如泉州花桥慈济宫花桥公、富美宫萧阿爷，清溪城隍庙和蓬莱清水岩清水祖师，南安凤山寺郭圣王和罗溪坑口宫田都元帅，惠安青山宫青山王，德化石壶祖殿法主公，晋江青阳石鼓庙正顺王，同安马巷元威殿池王爷……关帝、妈祖、保生大帝等神明是闽南各地共同奉祀的，但其中又有所差别，甚至有不同的称呼。如妈祖有湄洲妈、温陵妈、银同妈之分，保生大帝则有青礁慈济东宫、白礁慈济西宫乃至南宫、北宫之别。有时同样的称呼，却是完全不同的神明，如帝爷公一般指关帝，有时指玄天上帝。圣王公通常指广泽尊王郭忠福，有时指开漳圣王陈元光，南靖船场的赤坑头圣王庙和龙水顶楼圣王庙，奉祀的圣王公却是开闽王王审知。② 还有各种各样的社公、社妈、王公、王母、仙公、仙姑，恩主公、夫人妈……因此，闽南民间信仰绝不仅仅是泉州、漳州二府所属

---

① 林衡道著，冯作民译：《台湾的历史与民俗》，青文出版社 1978 年版，第 148 页。

② 参见林嘉书：《南靖与台湾》，华星出版社 1993 年版，第 323、339 页。

各县民间信仰的简单相加。本书在全面反映闽南民间信仰概貌的基础上，从中选择最具代表性的宫庙和最有闽南特色、有专庙奉祀的神祇着重予以介绍。力图从民间信仰的视野体现闽南与台湾之间深远密切的历史文化渊源关系，展示民间信仰这一海峡两岸人民共同的精神文化家园。

第一章

自然山川信仰

闽南人虔信万物有灵，举凡天公、地母、太阳星君、太阴娘娘（月亮）、风伯、雨师、雷公、电母……无奇不有，无所不拜。

第一节　天　公

闽南民间俗称玉皇大帝为"天公"。百姓认为天公高居天庭，统辖天上、人间、阴间三界神灵，是天地万物兴衰隆替、吉凶福祸的主宰。闽南传统民宅正厅前梁多悬有代表天公的天公炉或天公灯，每日晨昏及朔望上香，以示崇敬。正月初九日为玉帝神诞，闽南称"天公生"。"阳数始于一而极于九，原始要终也"[1]。象征天公尊贵非凡，天威永垂。

"天公生"是闽南民间一年中第一个重要节日，或称"做天香"，即设天香清醮。"初九日……道观多报赛，近则里巷有之，乡村之间无定日，谓之天香"[2]。一般神诞通常在寺庙宫观举行，而天公生则是家家户户在大厅外院子天井摆香案祭祀。祭祀时间必须在太阳未出、天未亮之前，地点要求在户外进行，才可以让

---

① 陈德商：《温陵岁时记·天诞节》。
② 乾隆《泉州府志》卷二十《风俗》。

天公知道。同时，屋檐内悬挂天公灯，以增光明。天公生的供品属最高级，用的"天公金"箔纸规格最大，祭祀别的神佛都不能烧这样大箔纸的天公金。初八夜设香案、摆供品、点香烛、折天公金，全家守夜。过半夜，鸣放鞭炮，为天公祝寿，直至天明。闽南民间重视做天公生，因为玉帝是最高主宰，一年之始许心愿，祈求风调雨顺，阖家平安。民众百姓对至高无上的玉帝非常敬畏，所以极少供奉神像，只在神坛上设立牌位虔诚膜拜。即便是主祀玉帝的宫观，也少有玉帝塑像，一般只供奉香炉，称"天公炉"。如泉州东岳庙有石天坛天公炉，"供泉郡各神庙往此击石取火（俗称'乞火'），称'名山取火'"[1]。龙海白水镇大帽山麓的金仙岩（亦称妙善宫），亦供奉一石雕天公炉。而漳浦县石榴镇长兴村张姓村民自古奉祀玉帝。村中虽没有专门供奉玉帝的宫观，但有世代相传的两座金牌，高30厘米，宽20厘米，阳刻"玉皇大帝"四个宋体金字，平时由值年头家保管，每年正月初九日天公生，必虔诚供奉醴礼。[2]

"台湾之人无不敬天，无不崇祀上帝，朔望必祈，冠婚必祷，刑牲设醴，至腆至诚"[3]。民间也是正月初九日做天公生，祭祀时间从午夜子时起，至凌晨寅时止。每家在正厅天公灯下设祭，一般分为两桌：上桌供奉天公座，备五果六斋；下桌备五牲荤菜，供奉玉帝属下众神。台湾一些主祀玉皇大帝的宫观除举行祭祀大典外，还有阵容盛大的舞龙、狮阵、车鼓、踩高跷等。在广场上搭设戏台，献演戏剧、木偶戏、布袋戏或放映电影，称"天台

---

① 泉州市区道教文化研究会编：《泉州道教》，鹭江出版社1993年版，第15页。

② 参见陈国强、陈炎正主编：《闽台玉皇文化研究》，闽南人出版有限公司1998年版，第170～174页。

③ 连横：《台湾通史》卷二十二《宗教志》，商务印书馆2010年版，第434页。

戏",通宵达旦。有的宫观还举行"踩火盆",参加者有时逾万人。台湾主祀玉皇大帝的宫观,1933 年有 32 座,1952 年有 38座,1981 年有 81 座。台湾流传着"早期有三间半天公庙"的说法,一般指台南天坛、沙鹿玉皇殿、新竹天公坛(金阙殿)和彰化元清观。台南天坛,旧称"天公埕"。郑成功收复台湾后,曾于台南建天坛祭天;郑经嗣后又在台南西安坊建天公坛祀玉皇大帝。台南为清代台湾首府,台南天坛号称"台湾首庙天坛",当之无愧。沙鹿玉皇殿于嘉庆八年(1803 年)由同安县分灵而来。彰化元清观,俗称"天公坛",大门有"温陵福地"匾额,由泉州籍移民创建于清乾隆年间。所谓"半间",或说因元清观后殿奉祀佛祖;或说因后来街道拓宽,元清观被毁大半。但被称为"半间"的元清观,却是台湾唯一供奉玉皇大帝塑像的宫观。[①] 台南将军乡玉天宫,由晋江溪头吴姓渡台时奉家乡香火创建于清康熙年间。台中县玉皇殿由泉州人何声良创建于嘉庆八年。

1. 泉州元妙观

元妙观位于泉州市鲤城区东街观东巷新府口,主祀玉皇大帝和三清,民间俗称"天公观",讹称"天公盖"。元妙观是泉州最早的道教宫观,始建于西晋太康年间,原名白云庙。历改中兴观、龙兴观、开元观、天庆观,元元贞元年(1295 年),取《道德经》"玄之又玄,众妙之门"之旨意,奉诏改名玄妙观。清康熙七年(1668 年),为避康熙帝讳,易名元妙观,沿用至今。元妙观与东岳庙、关帝庙、城隍庙并称泉州四大庙。明清之际,形成由照壁、石埕、端门、露庭、三清殿、老君祠、南天门、凌霄殿、两廊组成的规模浩大、布局完整的建筑群,为泉州府五邑神祠之冠。原占地面积万余平方米,至清末民初尚有 6000 平方米左

---

① 参阅陈国强、陈炎正主编:《闽台玉皇文化研究》,闽南人出版有限公司 1998 年版,第 148—151 页。

右。1996 年之后，陆续重建。第一进端门（即山门）为重檐歇山顶牌坊，三门并列。左为玄坛祠，右为康王祠。第二进为三清殿，主祀三清，两旁祀四海龙王。三清殿后紧连老君祠、南天门，南天门祀五显灵官大帝。第三进凌霄殿，供奉玉皇大帝。

"元月初九日，泉人谓为天诞节。……是日，元妙观最为热闹。初八、初九、初十三日，观之董事，即遍观中悬灯结彩，早夜奏乐演戏。清晨迄暮，男女老幼持天香、陈八珍，叩拜阶前者踵相接。晚于观门外仿燔柴而祭意，斫柏木六七寸长，造作塔形，投火于尖处焚之，光灼宵汉"[①]。

2. 同安朝元观

朝元观在厦门市同安区朝元门外，是同安历史最早、规模最大的道教宫观。据永乐年间碑记"相传七百余年"及玉皇殿现存嘉靖石柱楹联"拓地遥传七百年"推断，朝元观应开创于盛唐时代，比同安置县早二百余年。南宋嘉熙二年（1238 年），邑人琼州安抚使谢图南大规模扩建朝元观，形成天公殿，奉祀元始天尊、三清道祖和玉皇大帝，谢氏成为朝元观的檀越观主。谢图南之女曾在玉皇殿后建观主祠，供奉谢图南神像，朝元观成了谢氏家庙，海外银同谢氏一直把同安朝元观作为祖庙圣地。元至正十四年（1354 年）兵毁，明洪武五年（1372 年）仍故址建玉皇殿。朝元观兴废不一，卓有重修。1947 年，我国台湾和马来西亚等地谢氏族裔曾组团到同安朝元观寻根谒祖，见三清殿圮毁，还运来两根径约 50 厘米的方形番木柱。1992 年，台北板桥信女吴彭招治发动台胞信众捐资重建三清殿。

朝元观建筑群坐北朝南，由南至北依序为：放生池、棂星门、朝元门（玄坛宫）、月台、两庑、三清殿、玉皇殿和檀越祠。朝元观不仅是台湾玉皇上帝宫观的祖观，也是台湾谢氏寻根问祖

①　陈德商：《温陵岁时记·天诞节》。

的圣地。2001 年被列为厦门市涉台文物古迹。

3. 漳州天宝玉尊宫

玉尊宫位于漳州市芗城区天宝镇珠里村后坑社，坐西北朝东南，占地 10 庙，建筑面积 300 余平方米，面阔五间，进深五间，重檐歇山顶。殿内两根周长 2.4 米，高 4 米的蟠龙石柱，相传为清代漳州元妙观旧物。正殿供奉五阁神明，中祀玉皇大帝，左右分祀玄天上帝、南斗星君、天宫大帝、北斗星君。

漳州州治原在漳浦县，唐开元年间建有开元观。贞元二年（786 年），州治迁龙溪。开元观后亦移至新州治。宋代更名天庆观，有专祀玉皇大帝的玉皇殿。元代改名玄妙观，清代避康熙帝讳再改为元妙观。民国年间城市改造，元妙观被毁。相传天宝五里沙后坑村民奉玉皇神像隐匿山中，后建简易天公庙奉祀。20 世纪 40 年代初，台湾漳州籍移民经厦门至漳州天宝请火，将玉皇香火奉回台湾宜兰草湖，营建玉尊宫奉祀。1996 年后，台湾宜兰草湖玉尊宫管委会主任李炳南多次率团考察天宝天公庙，捐巨资重修，命名为玉尊宫。

第二节　东岳大帝

东岳泰山被认为是五岳之首，泰山神为五岳神首尊。"泰山君领群神五千九百人，主治死生，百鬼之主帅也，血食庙祀所宗者也。世俗所奉鬼祠邪精之神而死者，皆归泰山受罪考焉"[1]。东岳庙奉祀东岳大帝，传说东岳大帝乃天帝之孙，主掌人间贵贱尊卑之数；管十八地狱，六案簿籍，七十六司，有生死修短之权。

山岳崇拜原属原始宗教的自然崇拜，天地山川形象与人截然不同，泰山崇拜开始只不过设坛祭祀而已，祭祀所用礼器、祭品

---

[1]　《古今图书集成·神异典》卷二十二。

相当于公侯，并无庙宇神像。"岳者，地祇，祭坛而弗庙。五岳总立庙，自拓跋氏始。唐乃各立庙于五岳之麓。东岳（庙）之遍天下，则肇于宋之中叶"①。唐宋王朝以神道设教，频频于泰山封禅祭天告成，泰山神也因此封赠有加。宋真宗更加封东岳为"天齐仁圣帝"。"盖是时东封事竣，朝野上下方以成礼岱宗，比隆往代，谄媚之士，争相迎合"②。"敕下，从民所欲，任建祠祀"③。于是"土木祷祠之事兴，天下靡然向风。而东岳之庙，遍寰宇矣"④。另一方面，从汉代开始，民间盛行泰山主冥府、能决定人年寿长短的信仰。泰山神逐渐人格化，被称为泰山府君，有姓名子女，还有一大群类似阳间官府的僚属，并有生前正直之人死后充任泰山府君的传说。由于东岳大帝主宰幽冥十八层地狱及世人生死贵贱，职务繁重，所以庙中一般配有七十二司（或说七十五司、七十六司），分司众务。其中最有名的是速报司，以包拯（或岳飞）为司主。明清以来，东岳主冥和阎罗主冥两种信仰逐渐合流，两位冥神往往并祀于东岳庙，而民间则以东岳大帝为阎罗王的上司，居于阴阳两界，贬恶惩奸，所以民间对东岳大帝极为敬畏。

1. 泉州东岳行宫

东岳行宫俗称"东岳庙"，在泉州城东仁风门外凤山南麓，始建于宋绍兴二十二年（1152年），共有七殿十三坛，"为一邦神祠之冠"。民国后屡遭破坏，现仅存正殿，其余均为新建。东殿称宏文府，西殿名阴骘司。奉祀青帝（东岳大帝）、五岳大帝、地藏王、十殿冥王、七娘妈、织女、陈金李三夫人、痘疹娘娘和冥司百职。

---

① 《集说诠真》。
② 胡聘之：《山右石刻丛编》卷十二《东岳庙碑》按语。
③ 王鼎：《东岳庙碑》，见胡聘之：《山右石刻丛编》卷十二。
④ 胡聘之：《山右石刻丛编》卷十二《东岳庙碑》按语。

　　明崇祯《第一山重修地祇忠义庙记》载："宋绍兴有金紫光禄大夫张公讳汝锡者，弹击秦桧不中，避地入泉，修玄于此山。以贻书以（与）其一子婿，载宝南来，大兴三清五帝、岱岳诸宝殿。"① 宋人韩元吉《东岳庙碑》记："先是右朝请大夫张君汝锡，首施钱五千缗，以唱郡人。施者既集，而张君即世，其子婿右朝奉大夫韩君习实始终之。凡庙之位置高下，与夫费用之出纳，工役之巨细，皆韩君力也。"② 与《第一山重修地祇忠义庙记》中"贻书与其一子婿，载宝南来"前后呼应。可知张汝锡乃创建东岳庙的首倡者，其婿韩习"实始终之"，是东岳庙的实际创建者，功不可没。《东岳庙碑》记，绍兴年间创建东岳庙，縻缗钱十有四万，历时五六年而后成，"以楹计之，屋且百区"，既有"前殿"，又有"巍坛中峙，六庙外辟"。已经达到相当的规模。"山灵渎鬼，俨列异状。社公土母，拱挹后先。祈年有方，司命有属。巍坛中峙，六庙外辟。璇题丹碧，跂翼焕烂。使望而进者，肃然悚惧，如有执死生祸福之籍在左右，遂为一邦神祠之冠"。《第一山青帝记》亦云东岳行宫"一郡之精神命脉系焉"。东岳行宫"第二进存石天坛、石亭、石香炉，供泉郡各神庙往此击石取火（俗称'乞火'），称'名山取火'"③。清陈德商《温陵岁时记》称："神（奇仕妈）于仲秋之日，必至东岳行宫进香"。以宋绍兴年间鼎建东岳行宫之盛况推论，泉郡各神庙往东岳行宫"乞火"之俗，应肇始于绍兴年间。

　　韩元吉《东岳庙碑》还记述了宋时泉州人"利贾而业儒"之俗，"蛮艘獠舶，岁以时薿"之盛，从中透露了宋代泉州海外交

---

　　① 参见吴幼雄：《泉州关羽信仰的儒道释文化渗透》附录，《泉州道教文化》总第 4、5 期合刊，1994 年 10 月。

　　② 韩元吉：《南涧甲乙稿》卷十九《东岳庙碑》。

　　③ 泉州市区道教文化研究会编：《泉州道教》，鹭江出版社 1993 年版，第 15 页。

通贸易发达及其与民间信仰之密切关系等珍贵消息。"民之幸神赐者，不懈益虔"，"猗千万岁兮神施亡穷"。泉州人民虔诚祈求东岳大帝及其麾下众神保佑，期望"海无飓风"，海外交通贸易兴旺发达。《东岳庙碑》为海外交通贸易促进泉州民间信仰提供了一个鲜明的例证。

2. 金门五岳庙

金门五岳庙位于金城镇南门里，主祀五岳大帝，配祀南斗星君、北斗星君等。庙中碑文载称："大清光绪二十四年八月间，自古以来先人弟子许嘉卿，往去泉州府五岳庙焚香礼拜，视其神衣在桌上，向请金杯三圣，随弟子往到后浦南门许家中的住处，过四年之久，雕装五岳神像完备，移出庙宇，与金门岛善男信女祈求平安礼拜。以至大清光绪二十八年八月十二日，五岳众神神驾浯岛金门。"① 泉州府城有五岳——东岳凤山、西岳龙山、南岳溜石山、北岳狮山、中岳云山，分别设立宫庙崇祀，并无专门的五岳庙。东岳乃五岳之首，泉州东岳庙祀五岳大帝。金门五岳庙应是泉州府城东岳庙分香。

3. 龙海凤山岳庙

凤山岳庙位于龙海榜山、海澄二镇交界的凤山，相传始建于南宋淳熙年间，历代修葺不一，现存古碑20通。凤山岳庙主祀五岳大帝，俗称"岳帝祖"。庙坐西朝东，并列三座，各二进，面阔50.95米，其中主殿面阔五间，进深三间，殿中有坍墀，总占地面积4000余平方米。主庙后殿为五岳大帝殿，前殿和坍墀两庑为功德司、速报司和总头伯及十二生相大夫办案之地。两座配殿：左翼为文昌楼、观音阁、天王殿；右翼为注生娘娘宫、众神殿。

---

① 参见杨天厚、林丽宽：《金门寺庙巡礼》，稻田出版有限公司1998年版，第76～77页。

由于东岳大帝最为尊贵，故各地多建东岳庙。龙海凤山岳庙，五岳大帝皆祀，颇具特色。正殿有"五岳朝天"匾，五岳大帝并排，左右两旁是十殿阎君，阎罗手下众官分列。每年三月廿四日庙会，海内外香客络绎不绝。昔时里人有事愤争者，不之官，先之岳，即以得慰。庙中配祀道、佛、儒三教所崇拜神佛菩萨。五岳大帝面前两侧排列鲜明对比的历代人物神像：儒教圣人孔子对年幼聪颖的项橐；长寿彭祖对短命甘罗；气盖世、力拔山的项羽对手无缚鸡之力的韩信；巨富石崇对衣不遮体的韩丹。庙中供奉神像共 170 余尊，堪称闽南宫庙之最。

4. 诏安东岳庙

东岳庙坐落在南诏镇东关街中部，是诏安县城现存建筑规模最大、结构复杂、神祇众多的一座庙宇。始建于明万历二十一年（1593 年），屡有重修，20 世纪 90 年代再次重修。东岳庙坐西向东，前庙后寺，三进，重檐歇山顶，建筑面积 952 平方米。门楼为"三川门"，有"震岱灵宗"石匾额。门前青麻石狮一对。门楼两侧各有一厅，北厅石门匾额"至大至刚"，殿上有"千古一人"匾，祀关帝与周仓、关平。南厅石门匾额"载生载育"，殿上有"盛德在民"匾，祀注生娘娘，两旁各有十尊侍者。

前殿分为北、南两殿。北殿坐北向南，有"速报司爷公"匾，对联"速应无偏官民一例，报司有准邪正两途"，祀速报司爷公（俗称"爷公"），两旁有八尊部属。门前正檩上有八卦藻井。南殿坐南向北，有"功德司爷公"匾，祀功德司爷公，两旁有八尊部属。其后为天井、偏殿和拜亭。北偏殿祀保生大帝，南偏殿祀伽蓝爷。

主体建筑是大殿，前为轩顶前廊，面阔五间，三明两暗。三明构成大殿，两暗为厢房。大殿主祀东岳大帝（俗称"岳王公"），像高三米多，石座高 77 厘米，前侧镌刻"在坊信士沈维鱼喜塑岳帝宝像一身带石座一完，祈佑幼男冗官成人、子孙昌盛。时万历癸巳年仲秋吉旦立"字样。两旁祀十殿阎君和南、北斗星君。庙中有清代碑记五方。

海内外信众认为诏安东岳庙诸神中最灵应的是速报司爷公，故最为崇拜。每遇灾祸病厄，不论晨昏，都来朝拜。每年农历八月十三日是速报司爷公寿诞，俗称"爷公生"。八月初十日，俗例建"孤棚"、立"大士"（纸扎两米多高的鬼王，上有观音监押）、置祭坛、设"水灯"，请道士念经咒，摆米饭粿品祭拜。十二日晚，家家户户在门口设供桌，摆粿品，拜"暗神"（无主孤魂）。八月十三日，家家户户备牲醴朝拜速报司爷公。同时，开展舞狮、舞鸟、"公背婆"、"游火烛"、放水灯、演戏、放焰火等民俗活动，是为诏安规模较大的神诞活动。速报司爷公不但是诏安的重要神祇，其信仰还远播南洋。新加坡诏安会馆在百年前就成立速报爷公会，奉祀速报司爷公，诏安籍侨胞大都参加，每年八月十五日举行大规模纪念活动。

第三节　三界公

闽南民间俗称道教大神三官大帝为"三界公"。相信三官大帝是天、地、水三大帝的传说，把人格化的神祇还原为对天、地、水的自然崇拜，因此，一般不立庙奉祀。三官大帝为：上元赐福天官一品紫薇大帝，神诞正月十五日；中元赦罪地官二品清虚大帝，神诞七月十五日；下元解厄水官三品洞阴大帝，神诞十月十五日。三官大帝地位仅次于玉皇大帝，受玉帝之命，天官管神界，司赐人福；地官管凡界，司赦人罪；水官管阴界，司解人灾厄。三官大帝职掌与人们利害攸关，欲求功名富贵、延年益寿，可拜赐福紫微大帝；获罪欲求赦免，可拜赦罪清虚大帝；欲求消灾免祸，可拜解厄洞阴大帝。由于天官赐福，民间视为"福神"。金门宫庙或民间举行奠安仪式时，必须扎制三层的"天公亭"，三官大帝居最上层。①台湾民间除建庙祭祀外，许多传统民宅正厅均于天公炉旁悬挂"三界公炉"祷祭。

1. 泉郡三官大帝宫

泉郡三官大帝宫俗称"三官爷宫"，位于泉州市北门河岭巷，坐南朝北，三开间二进。明嘉靖进士、泉州进贤铺人林云程，曾任江西九江知府，某年返乡探亲，路经进贤县，将该地三官大帝神像请回泉州老家，并献宅地建宫供奉。于是铺名进贤，宫亦称进贤宫，为进贤铺挡境。建宫之初，只供奉天官、地官、水官三尊木雕神像。先后寄祀关帝、观音、妈祖、相公爷、夫人妈（陈靖姑）、狗舍爷等。②

2. 漳浦赤岭三界公坛

雨霁顶三界公坛位于赤岭乡山坪村雨霁脚自然村，约建于清中期（或说明宣德年间）。相传三界公香炉是从赤土乡炉飞村九落庙飞来，落在雨霁脚村榕树上，民众就在村后叫雨霁顶的土丘上建坛奉祀。现存七通清代石碑，记述信士捐田、捐金事迹及名录。信众地域颇广，包括龙溪、海澄等县各地。20世纪90年代初，台胞捐资在祭坛旁重修奉祀辅顺将军马仁的将军庙，增塑三尊三官大帝神像。后重修庙宇，主祀三官大帝，配祀马仁于偏殿，遂为坛庙合一，香火称盛。

三官大帝有三个祭祀日，即农历正月、七月、十月的十五日。雨霁顶三界公有特定的大祭祀日，每三年如逢农历寅、辛、巳、亥年便举行。其余年份由当地王、蓝二姓拜祭，在正月二十

---

① 参见林丽宽、杨天厚：《金门的民间庆典》，台原出版社1993年版，第111、57页。

② 参见沈继生：《泉郡三官大帝宫的调查报告》，《泉州民间信仰》总第15期，1998年12月。

四日至二十七日间择一日祭祀。届期，漳浦、芗城、龙文、龙海等地民众云集雨霁顶，参加祭祀活动。人数最多年份，达五万多人，常年也有三万人左右。民众举行妆䡓、艺阵、舞龙、舞狮、大车鼓、踩高跷等民俗娱乐活动。

第四节　土地公

土地生养万物，功莫大焉，故有土地崇拜，封土为社而祀，称社神、社公。抽象化的大地之神称为地祇、后土，由最高统治者专祀，后来帝王祭社稷即由此而来。民间所祀乡里村社，不仅是聚合本地区、本宗族力量的一种特殊形式，还是一种重要的社交活动。土地信仰遍及城乡，但自城隍信仰提高后，城市以供城隍为主，城里土地神的职能缩小，成为城隍神的下属，即所谓"当坊土地"。宋以降，土地神和城隍神一样，根据行政区划划定各自辖区，成为神权系统中最基层的神祇。明初，规定土地神不称爵号，仅称某地土地神。土地神级别不高，但与民众休戚相关，因此村头田间广为敬祀。

闽南民间俗称土地神为"土地"、"土地公"，庙祀称"福德正神"。虽然各地土地庙大多因陋就简，甚至连神像都没有，只在红纸上象征性地写着"福德正神"字样。但也有不少土地庙香火鼎盛、声名远扬，见证着当地一段不平凡的历史。泉州旧时七城门头都有土地庙，其中最有名气的当属泉山宫，位于泉山门城楼北边，俗称"北门土地庙"、"州顶土地庙"，始建于清嘉庆年间。泉州南门有地名"土地后"，亦因南门著名的土地庙而得名。著名学者顾颉刚因此曾著《泉州的土地神》。《厦岛后崎尾岐西保岐山古地土地公祖庙碑记》载："维公之像，厦岛伊始。维公之神，灵莫与比。悬匾旌扬，尊兼德齿。称之曰祖，自宋有祀。求焉辄应，遐迩一视。梯山航海，咸受多祉。护国助战，靖侯称旨。捐俸重建，一百余纪。默相文场，朱衣暗指。……"① 可见该庙历史悠久，功能广泛。土地公祖庙遗址附近至今尚存数级历尽沧桑的石台阶，相传为宋代古"路头"（码头）。垦丁福安宫是台湾最大的土地公庙，其前身敬圣亭创立于南明永历十六年（清顺治十八年，1661 年）。由于先民定居后，水土不服，不堪瘴雾弥漫、瘟疫肆虐，为祈求平安康泰，迎奉故乡泉州府福德正神神像来此，建庙奉祀。宜兰头城镇是宜兰县开发最早的地方，"据说庙（北门福德祠）内殿的土地公及土地公妈神像是建庙之初，从大陆奉祀而来的"②。

1. 晋江祥芝伍堡土地庙

祥芝伍堡土地庙依山临海，坐北朝南，位于长任山麓，现属石狮市鸿山镇伍堡村。相传始建于明初，清代多次重修，香火逐渐兴旺，被来往海商、船民视为伍堡澳航海保护神。现存建筑面积 130 平方米，单间重檐歇山顶，进深二间，另有护厝，附葬世合春戏神墓。伍堡土地庙所奉土地神被称为"闽南第一土地神"。与其他土地庙的简陋相比，伍堡土地庙建筑规模完备，结构精巧，配祀文武判官，气势威严。

伍堡土地庙作为航海保护神，是清代以来流传在祥芝伍堡澳的一种独特风俗。英国伦敦大英图书馆印度和东方写本部阅览室保存着一套清代闽南海澄、漳浦的民间道教科仪书，其中《安船酬献科》记载沿途所经各海口、岛屿必须祭拜的宫庙及海神，并附有清代闽南民船往"西洋"、"东洋"、"下南"、"上北"航线针路。其中从海澄北行至浙江、江苏、天津的"上北"航线，到晋江沿海必须祭拜"围头妈祖、永宁天妃、松系土地、大队（坠）

---

① 参见何丙仲编纂：《厦门碑志汇编》，中国广播电视出版社 2004 年版，第 345 页。

② 参见关山情主编：《台湾古迹全集》第 1 册，户外生活杂志社 1980 年版，第 42 页。

妈祖"。"松系土地"就是"祥芝土地",这是伍堡土地神被视为航海保护神的重要文献依据。

伍堡上接祥芝,下接东埔、东店,向来是泉州地区外港要口。元代五堡澳建有一座高达八米的石塔——星塔,又称镇海塔,作为海上船舶导航标志,伍堡海域因此称为塔子湾。始建于明初的伍堡土地庙即位于塔子湾畔,其东侧 300 米处建有妈祖庙,船舶进出港均派人来此朝拜。海外交通贸易的发展引发了伍堡土地神崇拜热。相传乾隆某年正月十六日伍堡"土地公生"(神诞),村民聘请世合春戏班到土地庙前演戏酬神娱众。前来割香的台湾香客见戏班技艺超群,遂请世合春顺途到台湾演出。戏班应约乘船出海,不料突遇风暴,舟覆人亡。噩耗传来,伍堡村民惋惜之余,纷纷到土地庙为戏班亡灵祈祷。事后,村民按照渔村民俗将漂回伍堡澳溺水者尸体殓葬在土地庙东侧,并在红砖上刻"世合春之墓"以祭奠。消息传到台湾,众人痛心不已,台湾香客捐资打造一艘石船,运到伍堡土地庙,供奉在世合春墓旁,让戏班乘坐石船到台湾演戏,就不再害怕狂风恶浪了。该石船系泉州帆船式样,至今保存完好。此后,凡有戏班到伍堡土地庙演戏,都要先到世合春墓前唱段折子戏。世合春墓因此被称为戏神墓,成为闽台文化交流的见证。伍堡土地神香火也因此开始传衍台湾,彰化、淡水、台中等地均有其分灵庙宇。

乾嘉年间,伍堡海商积极参与海外交通贸易活动。据伍堡《五福王氏族谱》,该族于这段时间出国者有王昌两等13人,主要侨居印尼咬唠吧。随着祥芝直航新加坡航线的开通,伍堡村旅居新加坡人数大幅度增加,道光之后往新加坡者有王叔钳等83人。伍堡"闽南第一土地神"香火也随着移民传入新加坡,成为旅居新加坡的伍堡籍侨民倍加崇敬的家乡保护神。

2. 龙海九龙岭土地公庙

九龙岭土地庙位于龙海九湖镇九龙岭西麓,地处闽粤交通要道。始建于明代，坐西朝东，硬山顶，建筑面积约 25 平方米。

九龙岭土地庙虽小，却大有名气。传说清乾隆朝文华殿大学士、漳浦葛山人蔡新与九龙岭土地公庙颇有因缘。蔡新尚未发达时，有一次到漳州府城，走到九龙岭下，饥肠辘辘，见路边老汉卖汤圆，大喜上前。老汉对他说："年轻人，看你是个读书人，我出一上联，你如对得出下联，汤圆免费奉送，如何？"蔡新应诺，老汉即口占上联："九龙岭下日日冬至"，蔡新挠首苦思，一时想不出合适的下联，只好红着脸请求容日后再对。一晃几十年过去，蔡新已是当朝高官，有一次回乡省亲，顺便巡视漳浦六鳌半岛，傍晚散步海边，但见海上渔火点点，映红了夜空，如同都市元宵灯市景象。猛然想起从前在九龙岭未对出的上联，立即吟出"六鳌海上夜夜元宵"的下联，对仗工整，天衣无缝。蔡新匆匆来到九龙岭，想用这妙对答复那卖汤圆老汉，但老汉已不知去向。他来到土地庙，一看土地神相貌酷似卖汤丸的老汉，于是把对联题写在庙门柱上。当时天气闷热，加上赶路，蔡新大汗淋漓，顺手摘下官帽，戴在土地公神像头上。临走时，想取回帽子，却怎么也拿不下来。原来土地公戴上官帽，欣喜万分，便施展法力，赖了官帽。九龙岭土地公与众不同之处，就是头戴官帽。

3. 厦门仙岳山土地公宫

厦门仙岳山土地公宫相传始建于宋，俗称"岩仔内土地公宫"，乃塘边社及四周百姓所立。至明正德年间，年久失修。因山忽生虎患，塘边诸社，乃户捐缘银，重修土地公宫。修好后，仙岳山四周乡邻莫不争相膜拜，香火鼎盛，人潮喧哗，恶虎惊恐，弃山而逃，土地公神威名传遐迩。明万历及清同治、宣统年间，乡民屡有重修，并筑山路石阶抵庙，香火炽盛，远近朝拜。1938 年，厦门沦陷。日寇入塘边社，烧厝十数间，杀戮七人，而匿藏土地公宫之乡众则躲过一劫。1959 年台风毁庙，香火凋零。

改革开放后，乡民遂重收拾断垣残壁，香火日盛。2006 年冬，海峡两岸及海外信众捐资重建宫庙。自2008年落成，举办首届福德文化节，已连续举办多年。近年来，湖里区福德文化联谊会与台湾天显宫、宜兰五结奠安宫等70多家宫庙建立联系，两岸土地宫庙每年组织数十批次民众开展民俗和文化交流活动。

第五节 三山国王

三山国王属于山岳神自然崇拜，是广东潮州揭阳巾山、明山、独山等三座山山神的总称：大王巾山国王，姓连名杰字清化，神诞于南朝刘宋元嘉十八年（441年）二月十五日，宋太宗时追封"清化对德报国王"；二王明山国王，姓赵名轩字助政，神诞于元嘉二十年六月二十五日，后追封"助政明肃宁国王"；三王独山国王，姓乔名俊字惠威，神诞于元嘉二十一年九月二十五日，后追封"惠威宏名应丰国王"。三位山神总称"三山护国王"，民间俗称"三山国王"。唐初已出现三山国王庙祀。宋太宗敕赐三山国王庙名"明贶庙"，元史官刘希孟《明贶庙记》载三山神"肇于隋，显灵于唐，封于宋"。潮州民间信仰三山国王极为虔诚，奉为守护神。闽南三山国王信仰主要流行于漳州的云霄、诏安、漳浦等闽粤交界地区。漳浦露美镇山前村和石榴镇梅北村白石头社有三山国王庙。东山西埔镇顶西石庙寺前殿供奉三山国王（王爹、王妈）。三山国王庙在泉州府属较为少见，厦门岛内的梧村雷仙宫后殿奉祀三山国王，同安东宅村（现属厦门市集美区后溪镇）白石社也有一座三山国王庙。

1. 云霄马铺水尾庵

马铺乡枧河村水尾庵规模不大，但却十分古老，颇具特色。庵中三尊石雕神像，巾山国王居中，骑虎，执印符、宝剑；明山国王居左，骑豹，执方天画戟；独山国王居右，骑彪，执九节双鞭。三尊石雕神像每尊通高约60厘米，年代久远，雄壮神奇，令人敬畏。陈岱镇礁美村三山国王庙规模较大，主祀巾山国王暨夫人木雕像，偏殿配祀三神，民间称为李明佑、畲人公、南爷公。莆美镇莆东村三山王爷庙仅祀巾山国王暨夫人木雕像两尊。

上述三庙所在村社，明清以来多有族人迁居台湾，带去家乡神灵香火。宜兰、彰化、基隆、嘉义、台北、台南等县市是云霄人移居最多的地方，彰化县溪湖、员林、埔心、永靖、田尾等乡镇也多有漳、潮籍移民，三山国王庙分布较为普遍。今台湾基隆、宜兰、新竹、彰化、嘉义、台南、台北等地有三山国王庙宇140余座，其中彰化县员林镇广安宫始建于明永乐年间，最为古老。

2. 诏安梅岭龙湫庙

龙湫庙位于诏安梅岭镇田厝村西侧，坐北朝南，东邻公路，西接腊洲山，面向诏安湾。明末清初，移居诏安田厝村的田氏始祖觉得此地是块风水宝地，遂择地建庙。当时庙址处已有始建于明初的傍江书院，书院前有两个活泉大水塘，俗称"龙喉出水"。建庙时，傍江书院仍按旧址原貌拓建为右厢房，与新建主殿合为一整体。该庙具明朝建筑特色，重檐悬山顶，占地面积3290平方米，建筑面积276平方米。

据《田氏族谱》记载，"龙湫庙为三山国王庙"，五进三开间，主祀王公、王妈与三山国王，上悬"唐宋奇勋"匾。两旁有石柱支撑木梁斗拱，内嵌二对雕有翅膀的木飞鱼，逼真传神，保存完好。当地流传着木飞鱼的传说：清代，有一养鱼者在庙前西侧内屿养鱼，所养之鱼经常在夜间被庙中木飞鱼精吃掉。养鱼者为此特向庙中王公、王妈求梦，并许愿如木飞鱼不再到屿中偷吃鱼，愿捐置一金香炉，王公、王妈于是显灵，木飞鱼从此被镇在殿内。但养鱼人事后爽愿，只打造了一只高约0.8米，长约1米，重数百斤的石香炉，至今仍完好置于庙前古榕树下。

第六节　石狮王

闽南盛产花岗岩、辉绿岩，这就为灵石信仰崇拜提供了条件。狮子是辟邪招福的瑞兽，故石雕多以狮型为主，称"石狮公"、"石狮王"。厦门石狮王、金门风狮爷别具特色。

1. 厦门石狮王

"厦门石狮王有石狮一只，高约二尺，位于住宅之墙下。双莲池也有二只，在人家墙下。这三只石狮，都有人把它油上彩色。听说是谢石狮神的恩的人替它漆的。旁边金纸香烛很多，可见拜奉者的热烈"①。据梅江田正孝调查，抗战前厦门市内（鼓浪屿除外）共有65座石敢当（含石狮王），他在南大沟墘巷还发现了一块与石敢当同样意义的"石制冲"。② 至今石顶巷和草埔巷尚存两尊石狮王，典宝路也有一尊石狮公，香火称盛。泉州新门街关刀埕和晋江青阳五店市也有石狮王，或称"虎爷公"。

2. 金门风狮爷

闽南民间尊称风神为"风伯"、"风师"，"风狮"原作"风师"。宋元祐二年（1087年）设福建路市舶司于泉州，古代航海主要靠季风（又称"信风"），市舶司与地方长官每年夏冬两季都要到晋江上游的九日山延福寺举行祈风仪式，祈求出航一帆风顺。泉州威远楼前的单只石狮就是挡风、镇风的风狮。2004年先后在石狮市莲厝村、宝盖镇玉浦村发现风狮爷，③ 在九日山延福

---

① 叶国庆：《漳厦人对于物的崇拜》，《民俗》第41、42期合刊，1929年1月。

② 梅江田正孝：《厦门的石头与驱邪》，见林川夫主编：《民族台湾》第4辑，武陵出版有限公司1990年版，第186～188页。

③ 参见《石狮日报》2004年8月17日；《泉州晚报》2004年11月16日。

寺遗址还出土一尊大型花岗岩风狮爷和两枚灰陶质风狮爷瓦当。[①]
金门属泉州,先民们也把这种祈风文化和风狮爷信仰带到了金
门。金门风狮爷是"镇风止煞,祈祥求福"的村落守护神,已成
为金门的象征,也是金门特有的人文景观。目前,金门风狮爷共
有64尊,分布在49个村落里,分布的情况为:金沙镇39尊、金
湖镇12尊、金宁乡8尊、金城镇5尊。风狮爷在金门分为两种,
一种是安置于村落边上,称为"村落风狮爷",其防护范围以整
个村落为主,属于公设性质。另一种在屋顶上或墙壁上面,称为
"瓦将军"。风狮爷民间也称"石狮公"或"石将军"。金宁乡湖
下村和金城镇东门里等地有风制石,俗称"皇帝石",[②] 应当是闽
南语"风制"与"皇帝"谐音,企图附会皇帝的权威来镇煞风
灾。金宁乡安岐村路口至今遗留金门唯一一座镇煞风灾的"风鸡
咬令箭"石碑。[③]

厦门许多地方也有风狮爷信仰,如翔安区澳头村有一尊明代
的风狮爷,大嶝镇东蔡自然村的风口处有一尊两米多高的风
狮爷。

---

① 参见《海峡导报》2004年10月27日。

② 参见杨天厚、林丽宽:《金门寺庙巡礼》,稻田出版有限公司1998
年版,第126页。

③ 参见杨天厚、林丽宽:《金门寺庙巡礼》,稻田出版有限公司1998
年版,第136页。

第二章

生育女神信仰

农业社会，人口繁衍是社会发展的决定性因素之一，只有人丁兴旺，才能五谷丰登。因此，闽南地区的生殖、生育女神信仰崇拜自古有之。

第一节　泰山妈

碧霞元君，全称"天仙圣母碧霞元君"，俗称"泰山妈"、"泰山娘娘"。关于碧霞元君的起源，众说纷纭，或说东岳泰山之女；或说奉黄帝所遣于泰山迎西昆真人的七仙女之一；或说汉代民女石玉叶入泰山修道三年，丹成，遂依泰山。种种说法，都与泰山有关。晋张华《博物志》亦载泰山女传说：姜太公为灌坛令，期年风不鸣条，文王梦见一妇人当道而哭，问其故，曰："我东岳泰山女，嫁为西海妇，欲东归，灌坛令当吾道。令有德，吾不敢以暴风过也。"翌日，文王召太公归，已而果有疾风骤雨。这大概是碧霞元君职司风雨的起源。宋真宗时始封碧霞元君。传说碧霞元君主司妇女多子，为保护儿童之神，备受妇女信奉。碧霞元君多附祀于东岳庙，如泉州东岳行宫。

诏安碧霞元君庙位于桥东镇东沈村坂仔尾自然村，俗称"泰山妈庙"。背倚双屏山，坐东朝西，二进三开间。主殿面阔 10 米，进深 8.2 米，一斗三升式斗拱，五木瓜趄檐廊穿拱承载屋架，悬山顶、马背式屋脊，二龙抢珠剪瓷雕。主殿前为四垂式凉亭门厅，进深 4.2 米，面阔 7.8 米，翘角飞檐。主殿檐廊正中有"碧霞元君"匾，神龛中奉祀碧霞元君像。该庙香火极盛，农历四月十八日泰山妈寿诞，尤为热闹。

第二节　注生娘娘

古代先民知识有限，于是希望借助神灵，以保佑生育顺利。注生娘娘主司生育，是保佑孕、产妇和婴儿之神。闽南少见专祀、主祀注生娘娘的宫庙，但多附祀注生娘娘。如厦门宫庙左右神龛多配祀注生娘娘与阎罗王，一主生，一主死，足见民间信仰对生命的重视。金门唯一主祀注生娘娘（神诞三月二十日）的香莲庙（配祀婆姐夫人和福德正神），位于金城镇南门里水试所对面。① 闽南佛寺多奉祀送子观音和注生娘娘，或于水池正中竖立一铸铢（闽南话"注生"谐音）铁柱，供祈求生子妇女投掷钱币以祈运。

1. 漳州湖苑注生宫

湖苑注生宫始建于明成化年间，由当地水陆商贾人士及本社村民捐资兴建。时太守姜谅大兴水利，漳州商业鼎盛时期，有三市二行。注生宫原位于其中的蚬仔市小港圩西侧，福房港边，当时上有上苑港，下有后吉港，是为九龙江西溪北岸三港之一。清康熙年间，河道泥塞，改为小港。湖苑注生宫现为二进三开间，悬山顶，带二廊、二耳门，狮象斗拱，占地面积 1026.97 平方米。

---

① 参见杨天厚、林丽宽：《金门寺庙巡礼》，稻田出版有限公司 1998 年版，第 81、83 页；林丽宽、杨天厚：《金门的民间庆典》，台原出版社 1993 年版，第 135 页。

2. 南靖山城注生宫

注生宫位于南靖县山城镇墟尾街（今民主路），是闽南罕见的专祀注生娘娘宫庙。始建于明崇祯三年（1630年），坐南朝北，单进单开间砖木结构，建筑面积近100平方米，供奉注生娘娘（分大妈、二妈、三妈）和花公花婆。而花公花婆也是传说中职司妇女生育与生男生女之神。[1] 神龛上方悬挂着清嘉庆年款的"生者众"匾额。山城注生宫尚存清乾隆和嘉庆年间重修碑记及《公议禁碑》。

高雄县路竹乡慧贤宫是奉祀注生娘娘的百年古庙。1989年，宫主陈碧霞首次率团回河南等省寻根，后在福建南靖县找到了与族谱记载相符的祖籍地，与同样供奉注生娘娘的山城注生宫。2005年9月28日，陈碧霞第六次率团回南靖寻根，到山城注生宫进香。在朝拜间隙，陈碧霞兴致勃勃地与当地群众同唱闽南语"七字仔"歌。与她一同前来的宋国安先生感慨道，"台湾和大陆本来就是一家人！我们回注生宫进香，目的就是为了回乡谒祖！"此外，1997年以来，台湾沙鹿镇巡安宫和台中、台北、高雄等进香团多次前来进香，并恭请山城注生宫二妈金身赴台巡安。

3. 南靖紫荆山登云寺

登云寺俗称"灯仔山岩"，位于南靖县城南郊紫荆山长岭坡脚。登云寺始建于清乾隆五年（1740年），坐南朝北，占地4.7亩，建筑面积890平方米。三进，类似三堂四横平面的五凤楼宫殿式建筑。中轴三殿：前殿为观音厅，供奉观音、伽蓝爷与土地公。正殿主祀注生娘娘，附祀婆姐、花公花婆、太阳星君、苏府千岁及开山僧紫云禅师，左侧室内立有清乾隆五年《乡厉坛记》等石碑三通。后殿为阎罗天子殿，供奉阎罗王（俗称"万岁爷"）、地藏王、大众爷公。登云寺每年有四次庙会：三月初八

---

[1]　参见林嘉书：《南靖与台湾》，华星出版社1993年版，第422页。

阎罗王诞辰，六月廿九日开焰口，七月十八日大众爷诞辰，九月十八日观音诞辰。1988 年，台中注生宫董事陈国宝率团到登云寺进香。

第三节 夫人妈

古代医学未臻昌明，生育是妇女面临的一大生死难关，婴儿存活率很低，于是专司妇女生育、婴幼安康的临水夫人陈靖姑备受人们信仰崇拜。据说陈靖姑曾师从闾山法主许真君，又从龙虎山张天师学道，得斩妖宝剑，后在古田临水乡显圣斩白蛇。其地建有临水宫。宋淳祐间敕封"崇福昭惠慈济夫人"，后加封"天仙圣母表灵普化碧霞元君"，清咸丰年间晋封"顺天圣母"。古田临水宫又称顺懿祖庙，主祀顺天圣母（陈靖姑）和江夫人（俗称"虎奶"）、石夫人（俗称"二奶"）。福州的三奶夫人为陈靖姑和林淑靖（林九娘）、李三靖（李三娘）。闽南民间也信奉临水夫人陈靖姑，如泉州有主祀陈靖姑的奇仕宫。1933 年，上海暨南影片公司还在苏州拍摄了"厦语片"（厦门话对白有声影片）《陈靖姑》。[①] 台湾有台北市临水顺天堂、台南市临水夫人妈宫、高雄县三奶宫、南投县顺懿宫、台中市临水宫、宜兰县靖安宫等 16 座临水夫人庙，皆属三奶派道教。闽南民间还奉祀各种各样的夫人妈，如泉州黄陵、西庄村有始建于明末的姬、宓、池三夫人妈，漳州有蔡妈夫人，均为求嗣、助产、护婴之神。惠安前亭村人邱二娘，因家穷被卖到蜂尾村刘家当童养媳，受婆婆虐待而出逃，参加永春林俊起义，遭人出卖被捕，泉民在其就义的南教场立庙奉祀。泉州东岳庙附祀血疯夫人妈，即郑成功之母田川氏。相传

---

① 参见洪卜仁主编：《厦门电影百年》，厦门大学出版社 2007 年版，第 11～12 页。

清兵攻入安海郑氏府邸，田川氏撞石柱自杀，后人因以奉祀。

1. 泉州奇仕宫

奇仕宫又称"祈嗣宫"，位于西街台魁巷 17 号，原名"临济夫人宫"，为郡城西隅华仕铺奇仕里境庙，始建年代不详。奇仕宫主祀授胎、护产、育婴女神临水三夫人妈（陈、金、李），配祀妈祖，且有观音签。奇仕宫是泉郡最著名的临水夫人宫，泉人因此称临水夫人陈靖姑为"奇仕妈"，称该宫为"奇仕妈宫"。

清人陈德商《温陵岁时记·迎奇仕妈》载："奇仕里临济夫人宫，香火极盛。……神于仲秋之月，必至东岳行宫进香，为郡人消灾迎福。是日远近男妇，乘舆徒步者踵相接。小儿衣冠骑马，或执旌旗，或持鼓吹随之。叩拜者肩相摩，毂相击。奇仕宫中，金纸齐山，花香委地。江南班、七子班，丝竹管弦，极其热闹焉。"奇仕宫每隔数年都会在农历十月十五日临水夫人诞辰日前往古田临水宫谒祖，盛况空前。

2. 晋江福全临水夫人庙

明初设置福全所城（今金井镇福全村），城分四境，临水夫人庙坐落于所城东北隅的东山境，坐东向西，面积约 150 平方米。创始无考，清康熙年间已经重修。该庙光绪二十一年（1895 年）重修碑记载："临水夫人之崇祀于福全东山境，由来久矣。灵爽昭赫，四方祈禧、祷嗣、护产、卫孩，求无不应。香火之盛不仅数十乡而止。……"[①]

3. 泉州对山苏夫人姑庙

苏夫人姑庙位于泉州市江南镇常春村紫帽山麓，坐南朝北，东西长 22 米，南北宽 16.8 米，占地面积 700 平方米。主体建筑由前殿、拜亭、天井、正殿组成，即闽南传统的一进三开间。进

---

① 《重修临水夫人庙碑记》，见粘良图选注：《晋江碑刻选》，厦门大学出版社 2002 年版，第 262 页。

深三间，硬山顶。庙左侧为报恩堂，供奉苏夫人姑父母神位，右侧护厝为斋舍。庙后有苏夫人姑墓（蚁穴），竖一无字墓碑。庙后山坡上有明崇祯浮雕观音坐像一尊，庙前南环路边有明八角五层石塔一座。奉祀苏夫人姑苏六娘，配祀三夫人妈、月娘妈。成化六年（1470年），敕封护国卫生夫人，谥贞烈。万历中，太守邱浙大修坟、庙，建亭竖碑，复奏请加封"衍圣崇福"四字，勒石祀之。清初遭兵燹，里民鸠工重建。①

---

① 道光《晋江县志》卷六十《人物志·仙释》。

第三章

冥厉瘟神信仰

第一节　城隍爷

城隍其实就是古代年终腊八祭的水庸神。水庸，即护城沟渠。古称有水城堑为池，无水城堑为隍。南北朝时，仅有个别地方为城隍立庙。在南梁与北齐的一次战斗中，据说镇守郢城的北齐军队因城隍护佑而得胜，城隍神的威信从此提高，修建城隍庙逐步扩展到全国，并从单纯的城池守护神变成社会职能广泛的神祇。唐代始加封城隍爵位，明初规定京城城隍封帝，开封、临濠、太平三府及和、滁二州城隍封王，府城隍封公，州城隍封侯，县城隍封伯。旋取消封爵，命各地城隍按其行政建制，称某府某州某县城隍神，让城隍神与地方官燮理阴阳。地方长官赴任，必先拜谒城隍。城隍庙不似文庙只有县以上方可设置，只要有城即可设置城隍庙。泉州和漳州都是府治、县治同城，同时拥有府、县两座城隍庙。同安马巷厅并未建筑城垣，因清乾隆四十年（1775 年）"移驻别驾于此，而武帝庙、城隍庙一时并建"①。

---

① 《重建马巷庙宇记》，见何丙仲编纂：《厦门碑志汇编》，中国广播电视出版社 2004 年版，第 352 页。

明代为了防倭，在闽南沿海设立永宁卫、中左所（厦门）、镇海卫、铜山所、悬钟所，筑城守御，闽南于是出现一批卫所城隍庙。其中永宁卫城隍于明嘉靖倭乱中移驾尚无建城的石狮，后又分灵各地。随着移民渡台，永宁石狮城隍香火分炉彰化县鹿港等地。台北松山霞海城隍庙香火分自同安五乡庄，就是施琅任总兵时督造的下海城。

城隍神多为历史上的忠诤英烈，许多闽南人（俞大猷、施琅、吴英）或与闽南有关者（戚继光）被尊奉为城隍神。宋宝元进士、晋江（或说同安）人苏缄，字宣甫。熙宁八年（1075 年），苏缄知邕州（今广西南宁），交趾（越南）入侵，苏缄身先士卒，奋勇抵抗，率兵民守城四月，因寡不敌众，城破，苏缄全家自焚殉国，谥"忠勇"。交趾军随后转攻桂林，忽见宋军高呼"苏城隍督兵报怨！"从北边席卷而来，交趾军惊遁。苏缄于是被奉为邕州、桂林城隍。明嘉靖进士、刑部侍郎、同安人洪朝选因忤逆张居正而获罪惨死狱中，身后被族人奉为厉神，派往四川为城隍。[1] 鸦片战争中英勇战死吴淞的江南水师提督、同安人陈化成被奉为上海城隍神。明嘉靖深沪巡检司、四川成都人汪芳山御倭身殉，被奉为深沪城隍神。祖籍漳州长泰的台湾农民起义领袖朱一贵，也被台南小城隍庙奉为城隍爷。[2]

1. 清溪城隍庙

安溪古称清溪，清溪城隍庙始建于五代后周显德三年（956年），位于县治东（今小东街）。20 世纪 40 年代初，城隍庙因驻军和基建，城隍先暂奉于北街隘子头民舍，后又迁北门桥边。1953 年，迁入东岳寺东厢。1985 年，神像迁往东岳寺檀樾祠奉祀。1997 年，新加坡韭菜芭城隍庙和杨桃园城隍庙捐资修重建。

---

① 参见陈支平：《福建族谱》，福建人民出版社 1996 年版，第 229 页。
② 参见郑镛、涂志伟编著：《漳州民间信仰》，海风出版社 2005 年版，第 30 页。

新城隍庙与东岳寺并肩联臂，五进殿堂，顺山势递升。主体建筑重檐歇山顶，面阔五间，进深五间。正副三尊城隍神像均坐正殿，八爷、九爷伫立两旁。四殿奉祀观音，五殿奉祀三宝佛。传说清溪城隍由于保护安溪、南安、晋江、惠安、同安五县百姓免受旱、涝、风、虫、兽灾之苦，因此两次受敕封，赐金冠、黄龙袍，"敕封清溪显佑伯印"仍存，拜亭楹联故称："宠锡袍冠八闽第一，褒封伯爵五邑无双。"

随着安溪人外迁，清溪城隍香火被带到各地。据不完全统计，闽南泉州、晋江、石狮、南安等地有清溪城隍分炉70余处。泉州城内原有两座城隍庙，即泉州府城隍庙和晋江县城隍庙。龙宫巷龙宫庙原祀龙王，后亦改祀城隍。道光十二年（1832年），经商泉州的安溪人又在南门土地后建立一座城隍庙。"我安邑僻处山陬，五谷货物，全赖桐城买运，以资民用。居贾行商，概不乏人，皆住泉南土地后绣壤之所。爰集同帮，并伸立盟。天上圣母、显佑伯主，聿新神像，威光普照。道途来往之平安，惟资伯主；舟楫流通之吉庆，咸赖天妃。……至道光十二年，金议依土地后渡头，就公行所建作庙宇……奉迎天上圣母进后殿，显佑伯进中庙，仝心虔祀。镇浯江之名区，收清溪之活水。……"① 此庙应为清溪城隍庙分炉。

台湾清溪城隍分炉达200余处，其中尤以中寮、南投两处最为出名。新加坡的韭菜芭、杨桃园安溪城隍庙颇具规模，文莱、马来西亚及我国香港等地也有清溪城隍分炉。

2. 永宁、石狮城隍庙

历史文化古镇永宁现属石狮市，"东滨大海，北界祥芝、浯屿，南连深沪、福全，为泉襟裙"。宋代建永宁水寨，明洪武二

---

① 陈性河：《建立城隍庙》，见郑振满、丁荷生编纂：《福建宗教碑铭汇编·泉州府分册》，福建人民出版社2003年版，第375～376页。

十年（1387 年）设置永宁卫，始有永宁卫城隍之祀。永宁卫城隍
庙"在卫治东南。洪武间，指挥洪海建。正统间，卫知事王廉
修。成化九年，千户陈宗重建"①。清道光二十三年（1843 年）
《重修永宁城隍庙序》称："吾永宁卫为郡要区，名锡鳌城，地连
鲤廓。都人士创建庙宇，崇奉城隍。钦神灵之赫濯，侯封宪贲六
龙；壮山海之观瞻，庙貌高临五虎。"由于永宁卫地位重要，规
格较高（卫指挥使为正三品），故永宁卫城隍为忠祐侯。永宁卫
城隍庙建筑面积 1407 平方米，由门楼、前殿、戏台、拜亭、后殿
和左右厢房组成。后殿面阔五间，进深三间，殿前有檐楼，抬梁
式结构。前殿和后殿为重檐歇山顶，余为单檐歇山顶。永宁卫城
隍庙规制完备，除主祀城隍神，还模仿封建仪制，设置二十四
司、役吏差官等。

　　嘉靖四十一年（1562 年），倭寇入侵，永宁卫城失守，逃亡
百姓背负卫城隍神像来到石狮。"安之土地祠庙中，盖暂寄居"②。
至万历二十年（1592 年），信众在券内（今宽仁）兴建石狮城隍
庙。石狮城隍庙建筑规模奠定于清康熙六年（1667 年），1990 年
重修，坐北朝南，占地面积 560 平方米。民国年间扩建的街道将
戏台与主体建筑分隔开来，门楼呈骑楼式，分上下两层，沿中轴
线排列拜亭、中殿、主殿等。主殿奉祀城隍，配祀广泽尊王、观
音等，边殿附祀开山殿七大巡。城隍庙正门悬挂郑板桥手迹"城
隍庙"匾额及清代"敕封忠祐侯"匾额。庙中有清代碑刻四方，
记载清乾隆年间设立晋江县石狮分县等重要史实。现为省级文物
保护单位。

　　彰化县城隍之祀始于清雍正十一年（1733 年），鹿港属彰化
县辖，却有一座奉祀忠祐侯的城隍庙，规格比彰化县城隍高。乾

---

① 弘治《八闽通志》卷五十九《祠庙》。
② 民国《温陵商氏家谱》附记《佛缘》。

隆初年，永宁高姓在鹿港开设经营土特产的商行，失窃甚多，官府无力破案。相传高姓特地回祖家奉请永宁卫城隍过水台湾断案，贼人惧怕神威，投案自首，失物如数追回，永宁卫城隍从此威震鹿港，被众商家奉为保护神。乾隆十九年（1754 年），泉州籍郊商凭借雄厚实力，破格在鹿港不见天街鼎建鳌亭宫城隍庙奉祀，门柱上镌刻着名郊商"林日茂"捐题楹联："赫濯声灵昭鹿水，绵延香火肇鳌亭。"

鹿港城隍庙又称"分府城隍"。康熙统一台湾后，复界开海，晋江石狮、安海一带航运发达。于是将兴化同知移设泉州，改称西仓同知，在安海石井书院西边原通判厅设官署，兼管石狮、安海。雍正七年（1729 年），按旧制仍以泉州通判驻安海，西仓同知移泉州城内晋江县衙东侧，仍管理石狮一带事务。乾隆三十年（1765 年），西仓同知移驻石狮。为加强对彰化的治理，乾隆三十一年遂移西仓同知于彰化，改称台湾府北路理番同知。乾隆四十九年，开放鹿港与晋江蚶江对渡后，鹿港兴起，仅次于台南府城、超过艋舺而居第二。由于彰化县城离鹿港较远，不便治理，决定由理番同知兼海防同知，乾隆五十年，再兼管鹿港总捕分府，乾隆五十三年正式移驻鹿港。于是将原由民间私奉的鳌亭宫正式纳入官方祀典，其香火与石狮城隍同源于永宁卫城隍，故称"分府城隍"。因此，永宁城隍庙、石狮城隍庙（清代称"鳌城迁建石狮城隍庙"）、鹿港城隍庙三者一脉同根，一本同源。

随着永宁、石狮移民大量前往台湾谋生，石狮城隍信仰陆续传播到台南、台中、嘉义等地。光绪年间，王年以把石狮城隍香火带到台南。其后裔将祖宅改建成忠泽堂，供奉石狮城隍，后又分灵台北、台中、彰化等地。1934 年，日本殖民统治者推行"市街改正方案"，拆除不见天街，鹿港城隍庙山川殿（拜亭门）、拜殿及左右厢房被推倒，大量文物流失。但鹿港城隍庙管理人员及四方善信依然不定期到城隍庙朝拜。1936 年，鹿港城隍庙信众冒风险组团前来石狮城隍庙进香谒祖，当年进香团使用的香龛至今仍保存在鹿港城隍庙，成为这段历史的见证。20 世纪 90 年代以来，台南、高雄、彰化、台中等地城隍信徒多次组团来石狮祖庙进香谒祖。菲律宾马尼拉、宿务也有石狮城隍公庙。

3. 同安霞海城隍庙

霞海城隍庙位于集美后溪镇霞城公路北。三开门，庙中前凸似拜亭，有大石香炉。主祀城隍、文武判官、黑白无常神像，配祀阎王、牛头马面及"老祖（师）"、清水祖师，有瑞宗和尚遗留诗签 30 支。

康熙六年（1667 年），时任同安总兵、水师提督施琅在清郑对峙前线的下店乡建城，城隍庙位于临海门（南门）附近，面临大海，俗称"下海城隍"（"下海"闽南话谐音"霞海"）。每年农历五月十三日城隍爷圣诞，邻村埔边、后塘、下店、紫场等村民组成队伍，奉请小金身巡游。十四日进庙，热闹非凡。1958年，城隍庙被拆毁，现存"临海门"石匾额，上下款镌刻"钦命总督福建部院少保兼太子太保尚书李奉旨"，"钦命镇守福建同安等处地方总兵官提督施琅、总督标后督造官副将黄顺、同安县知县、参将学成世保、同安镇标原副将关魁、督工由白礁巡察张恩荣，康熙六年八月　日建"。

道光元年（1821 年），同安人陈金绒奉请霞海城隍神像渡台。因泉州府晋、惠、南三邑与同安人"顶下郊拼"（分类械斗），同安人携城隍金身从艋舺退至大稻埕。三年后，其子陈浩然集议建庙。咸丰九年（1859 年），台北霞海城隍庙落成。因该庙所处之地各行各业万事顺利，财源广发，万民信仰。每年霞海城隍爷神诞大游行，盛况空前，有"五月十三日看霞海城隍会甲天下"美誉。①

---

① 参见卢绍荀、朱家麟编：《百年交往》，海风出版社 2004 年版，第 68 页。

1991 年，陈氏六世孙陈国汀辗转寻根至集美后溪，其妹陈文文返乡确认"临海门"石匾无误，于是捐资重建祖庙，陈国汀亲自奠基动土。

4. 金门城隍庙

金门的城隍庙共有三处，即金沙镇田浦泰山城隍庙、金城镇金门城村古地城隍庙和金城后浦城隍庙，其中以金城后浦城隍庙最负盛名。早在明洪武年间，金门岛西部的"金门城"（旧金城）已建有城隍庙。清康熙十九年（1680 年），总兵署由金门城移至后浦，故城隍庙也"分火"到金城后浦，另建浯岛城隍庙。原本的旧金城城隍庙称为古地城隍庙。

嘉庆十八年（1813 年）五月，文应举带领民众重建后浦浯岛城隍庙。所供城隍爷比照原泉州府同安县城隍庙城隍爷苏缄。苏缄为宋仁宗宝元进士，宋神宗熙宁时任广西邕州知州，率军抗击交趾入侵，英勇就义，赐谥"忠勇"。同安百姓钦慕其忠勇，尊为城隍爷，金门亦沿袭奉祀苏缄为城隍爷。

相传金门城古地城隍庙是农历四月十二日分火到后浦的，后浦浯岛城隍庙遂以农历四月十二日为城隍诞。每年的这一天，金门都举办热闹的迎城隍庆典。

5. 镇海卫城隍庙

镇海卫城隍庙位于龙海隆教畲族乡镇海村鼓山前，面宽三间，进深三间，单檐歇山顶，主祀尚爷公。镇海卫城在漳浦县二十三都，太武山之南，鸿儒江之上。镇海卫为明初福建沿海五卫之一，卫指挥使司驻镇海，有官兵 5000 余人，加上地方百姓，史称"万烟"。镇海卫全盛时期，武备精良，文教发达，市廛富庶，是闽南重要的海防基地，也是文教名区。

据清乾隆《镇海卫志·祀典志》："镇海城隍庙在卫治东北。明正统十三年建，顺治迁界焚毁，至康熙初卫众重建。"清初迁界，镇海卫城毁弃，城隍庙同时焚毁，康熙初年重建城隍庙。康熙六年

（1667年）裁卫，镇海卫从此不复存在，但人们仍然奉祀城隍神。

城隍庙经历代修葺，分别刊有"城隍"、"龙溪"、"镇海"冠头联："城卫昔时见惠，隍灵今日闻人"。"龙出镇，直上千丈；溪入海，横流万方"。"镇内镇外镇宇宙，海上海下海乾坤"。

6. 海澄城隍庙

海澄旧名月港，唐宋以来，为海港一大聚落。海澄城隍庙建于明隆庆五年（1571年），坐北朝南，三进三殿，硬山顶。海澄城隍庙见证了明清漳州海外交通贸易的繁荣。清乾隆年间，海澄人吴让到泰国谋生，成为宋卡城主，所建宋卡城隍庙应当为海澄城隍庙分灵。

民间传说海澄城隍十分灵验，附近漳属各县及厦门、同安马巷、金门等地均有信徒前来进香。每逢农历初一、十五日皆有祭拜活动，尤其是十月初一至初十的祝诞活动，城隍神像出巡，最为热闹。传统的城隍爷巡游队伍分四队，第一队为锣鼓队，两人合抬大锣，一人持棍敲击，乐队随行，撑凉伞与持木牌者随后，最后是各村社的北管乐队。锣鼓齐鸣，声势震人。第二队为马队，由金门、厦门、漳州、漳浦等地香客拉马而来，出租给孩童乘骑，组成马队。第三队为蜈蚣艺阵，每两人抬着一个十三四岁少年成一组，少年装扮成戏剧中人物，每组衔接相随，如蜈蚣节节前行。第四队为各社选派的歌仔阵、锣鼓阵，紧接着是众多由两人抬着老妇人的乌轿，随后是各地前来的香客。压阵的是城隍爷和城隍妈的神辇。

清代海澄盛行送瘟神习俗，俗称"送王船"、"送彩船"，仪式称为"送船科仪"，雅称"送彩科仪"。现存清乾隆三十四年（1769年）抄本《送彩科仪》，是一份反映海澄送王船仪式的珍贵文献，涉及城隍信仰、道教文化、开漳圣王、五帝等司瘟诸神。《送彩科仪》内容分为"禳灾圣位"、"焚香供养"、"祭拜仪式"和"尾声"等四部分。

7. 平和九峰都城隍庙

平和都城隍庙始建于明正德十四年（1519 年），位于九峰古镇东门。正德十三年，朝廷划南靖、漳浦二县地置平和县。因平和县治九峰地处闽粤边界要冲，朝廷恩准县衙与文庙视同府级建制，故平和城隍庙规格高，称"显佑伯都城隍尊神"。当时平和县衙就设在都城隍庙里，人神"合署"，燮理阴阳。

九峰城隍庙前后五座相连，依地势北高南低而建。坐北朝南，平面呈中字形。南北通长 73 米，东西最宽 24.4 米，总面积 1400 平方米。在中轴线上由南向北依次为牌楼（大门）、前厅（仪门）、中堂（廊屋与大殿）、后殿。两侧有回廊。前厅九檩，中堂十一檩，后殿七檩，面宽均为三间，抬梁式。九峰都城隍庙据说由王阳明亲自设计督建，第一进祀唐朝诗人王维，庙内至今仍存明清壁画 40 余幅。2013 年九峰城隍庙被列为第七批全国重点文物保护单位。

明清两代，城隍神由知县主祭。民国以来，城隍神不再由官方祭祀，但庙会依然。每年正月十五日，官绅民众身穿长衫马褂，手捧长香顶礼膜拜，列队游行，恭迎城隍爷出巡。沿途路祭，沿街鸣放爆竹，各乡社组织的彩旗队、锣鼓队、舞龙队、八音阵、"铁枝艺"、"落地扫笔"等随行表演。农历五月二十五日和十一月初七日，分别为城隍爷、城隍妈寿辰，必请道士设醮、剧团演戏。每年正月初七、十九日南靖县长教、书洋乡的曲江、塔下及高港一带群众，备办旗鼓、鞭炮、彩轿，奉迎城隍妈金身，从百里外的南靖到九峰都城隍庙挂香，返回当地后，游村演戏，以佑辖境平安。

第二节　大众爷、有应公

闽南民间俗称的"好兄弟"、"万善公"、"人客公"、"大众爷"、"有应公"等，泛指那些死无所依的非正常死亡者。民间认为他们孤魂未散，结为阴灵，作祟人间成为厉鬼，乃建祠奉祀。如泉州甲第巷公妈宫祀无嗣公。东山称孤魂野鬼为"万福公"，铜陵镇设有万福祠、万灵祠。南靖船场石门岩幽明殿供奉大众爷。南靖山城武庙、碧阳宫和登云寺等也有大众爷神像。①

闽南沿海沿江渔村船民在长期水上生产作业中，也逐渐形成遇见海上水面漂尸或捞到骨骸必须带上岸收埋的淳朴习俗。石狮祥芝渔村海边的万阴宫，集中存放捞到海难者骨骸，并立"东海厉坛"神位祭祀供奉，择日安葬。②泉州浔埔宁海庙大普公乃三具海上无名漂尸。金门烈屿（小金门）青岐村仙姑庙，奉祀水流漂尸王玉兰。

1. 同安西柯朝天宫

同安西柯镇浦头村朝天宫奉祀朱、叶二王爷。宫前有水殇男女十八人公墓，俗称"十八墓公"。墓碑铭文："康熙戊寅年四月廿八夜，水灾暴作，人民被溺，死者无数。闻之伤心，因募舟工，捞尸埋葬。幸地主施地一穴，内葬男八人居左，女十人居右。"当地村民也合称十八墓公为王爷。

2. 厦门曾厝垵圣妈宫

圣妈宫位于曾厝垵环岛路南海边，与公路北边的福海宫斜对过。宫前有一朝南面海墓碑，上镌"漂客合茔"，并设东向小阴庙供奉"圣妈"（此处"圣"闽南话读作 $sīa^5$，即"灵圣 $sīa^5$"、"灵验"之意），始建年代不详，香火称盛。香客多为厦门港及九龙江口一带渔民船户。民间或误讹称"天上圣（$siŋ^5$）母"妈祖，近年新立"天上圣（$sīa^5$）妈"牌坊。

---

① 参见林嘉书：《南靖与台湾》，华星出版社1993年版，第421页。

② 参见李国宏等著：《远古的家园》，海潮摄影艺术出版社2005年版，第71、77页。

3. 晋江围头二十九阴公

清光绪年间，围头村二十九名渔民出海捕捞，在海上发现一艘已被洗劫一空的商船。渔民上船观看，并将一些工具搬上渔船。恰巧厦门海关巡船经过，不问青红皂白，将渔民当作海盗抓走并处死。其他渔民含冤申诉无门，于是在围头村东南临海的龙亭东坪修建三小间宫祠（阴庙），纪念这些屈死的冤魂，名"二十九阴公"。①

4. 东山铜陵演武亭万福公祠

万福公祠坐落于东山县铜陵镇演武亭边。围墙隔界的二中操场为清代铜山（东山）演兵操练之地，故名"演武亭"。演武亭万福公祠相传为明初江夏侯周德兴莅铜山建城时所倡建的四大万福公墓地之一，又称"镇西万福公"、"乡厉坛"、"无祀坛"。最初主要收葬无嗣或无主尸骸，筑祠坛供祭亡灵，并立有"万福公"碑铭。

明景泰三年（1452 年），东山设水寨，保卫海防，戍守台澎。历次战事中殉难的东山兵民遗骸大多安葬于此。东山也曾一度成为郑成功反清复明与收复台湾的重要据点，大批东山子弟随师出征，殉难者遗骸由乡人陆续移返家乡，安灵万福公墓地。清康熙三年（1664 年），郑成功之子郑经撤往台湾。清军攻入东山，百姓被杀万余，尸横遍野，三万余人被逼迁入内地，东山遂成荒岛。直至康熙十九年复界，东山百姓返乡，面对遍地枯骨骸髅，亲疏难辨，于是收葬于万福公墓地。康熙统一台湾后，从福建沿海各镇协调兵戍守台澎，三年一换，轮班驻戍，称"班兵"。东山出戍台澎班兵计四万余人，殉难后，骨灰用"金斗"运返东山，大部分安葬于演武亭万福公墓地。百姓另于南门湾翠云宫内

---

① 参见吴秋滨主编：《围头村志》，围头村志编纂委员会 2005 年印行，第 77 页。

建义勇祠，并设灵位供祭。乾隆五十二年（1787年），台湾林爽文、庄大田起义，清政府调重兵镇压的同时，严厉追查闽南粤东天地会同党。东山天地会秘密活动点相关寺庙的许多香花僧遭剿杀，抛尸荒野，遗骨亦归葬于此。

清末民初，演武亭万福公墓葬范围扩至18亩，几乎覆盖演武亭整片山野。现仅存500平方米左右，除集葬"金井"的骨骸外，尚有130余通墓碑刻有姓名，其中一通镌刻"八名同归"，一通刻"十九人遗失姓名"。演武亭万福公墓地内现有万福公、贵人公二祠。

万福公祠分设万福公和孤魂公灵坛。万福公灵坛主要奉祀清代戍台班兵亡灵及历代无主亡灵。孤魂公灵坛则专祀无嗣无后的野鬼孤魂，尤其是无名号可认、无塔园归葬的出家人。贵人公祠奉祀为郑成功运送军粮而不幸殉难的东山一海商船主及船上众弟兄亡灵。郑成功收复台湾时，因荷军船坚炮利，久攻不下。留在东山的郑军派人运送军粮补给驰援。攻台郑军将士视粮船如救星，激动地称"贵人来了"。台湾收复后，这条粮船没有回到东山，人们发现他们漂尸海上，便将尸骨运返东山，于万福公墓地内建祠奉祀。

5. 东山铜陵翠云宫

翠云宫位于铜陵镇南门湾西侧原沙坎顶。清道光二十六年（1846年），铜陵关帝庙住持僧广益（净波）和尚在南门下寮沙滩大众祠址扩建翠云宫。宫庙原为三进，坐北朝南，面向台湾海峡。有门楼、大院及厢廊、大殿、后殿等。大殿嵌青石"义勇祠"匾额。义勇祠中置有巨大祀案，供奉众多清代戍台东山班兵亡灵神主。戍台东山班兵将士许多身殉台岛，死后骨骸用"金斗"装运回乡，集殓于演武亭万福公墓地。东山民众另于南门湾海边翠云宫内修置义勇祠祭奠亡魂。翠云宫内并置孤魂公、众公妈和魏先生等灵坛，左廊置四命妈祠。另辟后殿奉祀地藏王菩萨，超度亡灵。

1940 年，东山县政府破除迷信，翠云宫神像灵牌悉毁。1963 年修建南门海堤，宫祠几乎全部拆除，仅余后殿一截。现修葺成一小祠，正墙嵌"义勇祠"旧石匾，复供三宝佛、众公妈和魏先生，置有小尊塑像。1995 年，翠云宫重兴，迁建现址。由福陵庵、地藏王殿、万福公祠、万灵祠（集众公妈、四命妈和魏先生为一处）、粤女祠等组合而成，各祠殿均为小开间，总占地面积约 800 平方米，建筑面积 300 平方米左右，坐北朝南，各祠殿之前统为长廊式拜庭，庭前拓有大埕。

万福公祠处于地藏王殿之左。此处原为露天大墓，民国年间由东安善堂堂长、乡绅何照吾主持重修，筑三圹"金井"，殓葬历代无主、无嗣尸骨。现成一殿，祠内嵌黑石匾额"万福公"；黑石匾联："万德显灵诚意拜，福应感化求必从。"祠中右侧另置一龛，祀孤魂公。拜庭中一对梭形石柱联："大伙灵魂万善存正义，众生拱拜诚敬感神威。"

万灵祠处于地藏王殿之右，祠中置三龛，中龛为众公妈，供奉两尊男女老者彩塑。旧时东山人或因征戍离乡，或因谋生外徙，或因天灾人祸致家中无人供祭的祖宗神主灵牌，均寄于此，接受百姓香火供祭，成为众公妈。左龛为魏先生，供奉一古代书生坐像。相传清代翠云宫前海边漂来一方无名无籍，只写姓魏的无主灵牌，任风吹潮打、日久月深总不离开。民众甚感奇异，遂焚香请入翠云宫奉祀。右龛四命妈，塑一妇女怀抱两儿一女坐像。清雍正四年（1726 年），东山班兵李斌出戍台湾，托好友陈永春照顾家事。陈永春每于月中送米炭济助，邻人造谣诽谤此中必有奸情。李妻吴氏碧娘为洗清不白，遂谢绝济助，但生计陷入无援，被迫将亲生二男一女先行投入自家井中，继焚衣从容自坠。此案震撼府县，惊动朝廷。翌年九月颁诏，"每年每季加赠俸银"以供戍台班兵家属。东山兵民仰念吴氏贞烈，于道光二十六年（1846年）在翠云宫左廊建祠奉祀。

6. 平和山格慈惠宫

慈惠宫位于平和县山格镇山格村米市街东端，占地面积3800余平方米，建筑面积近400平方米。相传慈惠宫始建于南宋，清光绪年间改称慈惠宫，原奉祀观音，故俗称"观音亭"。慈惠宫主体建筑由前厅（拜亭）、回廊、正殿组成，坐北朝南，前进重檐歇山顶，后进为单檐悬山顶。正殿面阔三间、进深三间，为十一檩悬山穿斗式。梁架结构为一斗三升，中梁为双龙太虚遨游八卦图。明间正殿悬挂黄道周题匾"白云深处"。正中神龛供奉南海观世音、弥勒佛及十八罗汉，两侧供奉大众爷神像，并形成了"扛猪公"、"掷孤米"、"开龛口"等一套特殊的民俗文化。

明嘉靖年间，倭寇荼毒闽南，山格一带自发组织乡兵御倭。戚继光率部入闽抗倭，曾于当地与倭寇激战，后于战场附近建立忠勇祠，奉祀该役英勇战死的80余名戚家军将士。山格民众感念戚继光的抗倭功绩，因闽南话"大众爷"与"大将爷"、"大总（兵）爷"谐音，故认所祀大众爷公为抗倭民族英雄戚继光，增祀戚继光及其部将神位。平和县芦溪镇东的碧水岩主祀大众爷公，当地民众也认为所祀大众爷公是抗倭民族英雄戚继光。

7. 惠安崇武和寮宫

惠安崇武镇西沙湾有一座独一无二的解放军庙，亦称"和寮宫"、"廿七君宫"，背山面海，供奉在敌机轰炸中为保护群众牺牲的27位解放军烈士坐像。宫前建有观潮亭、望海亭和烈士亭。宫建于1993年，创建人曾恨女士。

此地本为荒郊旷野，乱冢露骸甚多，有一石垒小庙和寮宫。相传清末民初，因海滩归属引发械斗，恭请四大总巡调解，纷争乃得平息。里人感四大总巡厚德，尊为"和寮公"。1949年9月，解放军10兵团28军84师251团官兵来到崇武西沙湾。17日上午9时许，几架蒋机飞来，正训练的战士疏散隐蔽，蒋机没发现目标即向城区飞去，解放军为保护崇武城区，当即对空射击，吸引敌机。敌机掉头飞回轰炸，此时沙滩上正好有一名小女孩，为救小女孩，5位解放军战士英勇牺牲。当天共有27位解放军战士在西沙湾畔为民捐躯。这位小女孩长大后，念念不忘救命恩人，倾毕生积蓄，于西沙湾畔建宫供奉解纷争、平息械斗的和寮公和当年在飞机轰炸中为保护群众牺牲的解放军烈士。额匾"天下第一奇庙"，旁建烈士纪念馆和烈士纪念碑。20世纪50年代金门炮战中，晋江金井、围头有解放军战士和民兵阵亡，当地乡民也把他们当神崇拜。

第三节　五显大帝

五显大帝又称"五通神"、"五圣"，民间传说古时妖邪为祟之神。本是兄弟五人，唐末已有香火，庙号"五通"，又称"五显公"。

闽南民间"五通"、"五显"混称，台湾有五通宫、五显宫、或称五龙宫、五行宫、五圣宫，实皆同。泉州西街有五显灵官专庙，同安县城东门（朝天门）有同山五显庙，厦门岛东北部有五通社。

1. 同安同镇庙

同镇庙俗称"五显宫"，位于厦门同安五显镇垵炉村。始建于唐，原名"旨封亭"，南宋朱熹任同安主簿时改名"同镇庙"，供奉五尊五显大帝神像。明万历十年（1582年），邑人陈以廉重建。史载为古同安城外代表方位四镇之一的东镇庙，也是镇水之庙。清道光六年（1826年）重新修缮，1947年复建，1956年特大洪水冲倒前殿，1998年重建。庙坐西朝东，前后两殿，面宽10.8米，进深20.5米。前殿面阔五间，平开三门，中门上悬"同镇庙"匾，穿斗式梁架，明间屋面抬升为牌楼式，三段脊。

后殿面阔五间，进深 11.5 米，厅中为抬梁式梁架，两侧边墙为穿斗式梁架，重檐歇山顶，梁上悬有"旨封亭"匾，厅内奉祀杨二郎，原祀五显帝君、观音、天后。厅前立有道光六年楹联石柱。

2. 诏安霞葛五通宫

五通宫位于霞葛镇五通村，始建于明永乐元年（1403 年），万历二十八年（1600 年）、清康熙十八年（1679 年）扩建，依山面水，坐北朝南，与五通村隔着公路。五通宫三进五开间，面阔 16.8 米，进深 17.5 米，面积 305.2 平方米。由门楼、门厅、庭院连两庑、拜殿、大殿以及东西厢房配室组成。主体建筑为单檐歇山顶式，正殿神龛奉祀五尊五显大帝神像，陪祀"宣封定远大将军刘相公神位"和"大明总督调阳黄公之神位"。檐廊悬挂明万历四十八年黄道周手书"正位居体"匾。拜殿檐廊间有清乾隆七年（1742 年）南澳总兵黄世桓立"有诚有神"匾。为省级文物保护单位。

五通宫是霞葛五通村和旅台黄氏族人共同奉祀五显大帝的宫观。明末清初，霞葛五通村黄氏渡海赴台，从祖居地五通宫分香，后在台湾屏东、彰化、台中、宜兰、云林等 18 个县市建立五通宫。每年农历九月二十八日均举行规模盛大的五通大祭。现台湾有五通宫 50 余处，皆以诏安五通宫为祖庙。

诏安西北部的客家乡镇，几乎每姓都建有供奉五显大帝的庙宇。秀篆各姓庙宇中，保存较好的有焕塘黄姓开元院、陈龙王姓泰山寺、青龙山李姓青龙庵及埔平游姓文兴堂。黄姓开元院的五显爷神像最古老，形象奇特、赤面三目、披甲执鞭、半披帝袍、左手扣腰带、右手持金砖、双脚踏双狮而坐，霸气十足，两边站立千里眼和顺风耳。

3. 云霄西林五通庙

西林五通庙位于火田镇西林村，相传创建于唐以前。清《云霄厅志》载："建庙必在开屯之先，云霄宫庙唯此最古。"唐初陈政入闽，在此祀西汉名将周亚夫。元至元年间修筑西林城堡时，于庙内增祀五方之神。1984 年重修，面积 700 多平方米，前后两殿，前殿面阔五间，进深三间，梭形石柱，单檐歇山顶，悬匾"五通庙"。

第四节　王　爷

一般说来，王爷信仰源于瘟神信仰。瘟又称瘟疫、疠疫等，是急性传染病之总称，包括鼠疫、霍乱、疟疾等病症。古人认为，瘟疫流行，是瘟神、疫鬼作祟的结果。王爷通称"代天巡狩"，多达 360 位。关于王爷的来历，众说纷纭，或说是西周忠臣义士的英灵所化；或说是秦始皇焚书坑儒时，被活埋的 360 名博士演变而来；或说是唐代 360 名冤死的进士，被赐予"王爷"封号，血食四方；或者说是明代末年 360 名进士不愿臣服清朝统治，集体自杀，成为瘟神等。人物虽不同，但都是死于非命，曲折地反映了古人对瘟疫的恐惧心理。闽南王爷，常见的有赵、康、温、马、萧、朱、邢、李、池、吴、范、姚、金、吉、玉、岳、魏、雷、郭、伍、罗、白、纪、张、许、蔡、沈、余、潘、陈、包、薛、刘、黄、林、杨、徐、田、卢、谭、封、何、叶、方、高、郑、狄、章、耿、王、楚、鲁、齐、越、龙、殷、莫、姜、钟、韩、沐、虞、苏、宋、骆、韦、欧、沈、廉、侯、周、万、萍、琼等 100 余姓。

王爷信仰是闽南和台湾最流行的民间信仰之一。台湾有近千座王爷庙，南鲲鯓代天府被奉为全台王爷总庙。王爷信仰源于闽南，每逢瘟疫流行，人们为了消灾禳疫，祈安求福，就要建王醮，送王船，即毕恭毕敬地把乘载王爷的王船放入大海，让王爷押送瘟神厉疫远离家乡。乾隆三十四年（1769 年）抄本《送彩科仪》（亦作《送船科仪》），其中所收《送彩（船）歌》，充分反映了闽南沿海民众对瘟神恐惧、无奈乃至敬而远之的心理。

建王醮通常是每三年举行一次，重头戏在首日的"迎王"、第七天的"宴王"和第八天的"送王"，而以送王最具特色。送王即王船祭，也称送王船、放王船，有两种形式：一是将与真船无异的木制王船放流于海，称"游地河"；二是将竹骨纸船于水边焚化，称"游天河"。施鸿保《闽杂记》卷七记载福州、漳州、厦门等地送王船习俗，福、漳皆用纸船，"惟厦门人别造真船，其中诸物，无一赝者，并不焚化，但浮海中，任其漂没"。乾隆《泉州府志》也有"近竟有以木舟具真器，用以浮于海"的记载。民国《同安县志》亦有"近海者造龙舟，名曰王船"。现在闽南、粤东及台湾通常已无"游地河"仪式，都是"游天河"，但厦门有些地方近年"游天河"，造的是丈八长的真船。

闽台王爷信仰早已超越消灾禳疫的范畴，还有多重的祈福功能，因此有些学者反对王爷为瘟神说。

1. 泉郡富美宫

泉州地区的王爷信仰极其盛行，王爷宫几乎遍布各村各里。被誉为泉州地区王爷宫的"总部"或"行宫"，是位于泉州城南万寿路水巷的泉郡富美宫。

富美宫始建于明正德年间。该宫原来位于泉州城南的富美渡头，到清光绪七年（1881年）才移建今址，因还位于富美渡附近，故其地名称为"后富美"，俗称"后儝尾"。初仅祀萧王爷，称"萧王府行宫"，规模较小。清嘉庆年间，因加祀关帝，增建了武圣殿。光绪七年移建今址后，至道光元年（1821年）大修，民国二十三年（1934年）里人敬献房地重建，规模扩大，可武圣殿已不复存在。重建后的富美宫总面积达百余平方米，坐北向南，主体部分为二进三开间硬山顶，即山门和大殿，中有两廊、天井，并建一拜亭，山门前建有照墙和戏台（已拆除）。富美宫右侧有夫人妈宫。

富美宫主祀萧王爷，俗称"阿爷公"，即西汉名臣萧望之。萧望之官至太子太傅，为人刚直清正，不畏权势，忠心辅国为民，因而遭汉元帝宠信宦官弘恭、石显等人攻击诬陷，被迫饮鸩自杀。泉州地区众多王爷神中，有的历史人物虽然名气比他大，但品位都没有他高，故泉郡富美宫自然奉他为主神。

富美宫除主祀萧王爷外，还配祀文武尊王（唐代的张巡、许远）和二十四司（商代的金素、吉立、姚宾，春秋战国的扁鹊、伍员、白起、田单、侯嬴，汉代的纪信，东晋的温峤，隋代的李大亮、吴孝宽、范承业、池梦彪、邢明德、朱叔裕，唐代的薛仁贵、雷万春，五代的康保裔，宋代的包拯、叶适、岳飞，明代的徐达、罗伦）。《礼记·祭法》载曰："夫圣王之制，祭祀也，法施于民则祀之，以死勤事则祀之，以劳定国则祀之，能御大灾则祀之，能捍大患则祀之。"富美宫所崇祀的王爷神大都是历史上曾为国家、民族做过重大贡献，深受人们敬仰的忠臣清官或英烈义士。

富美宫祭祀仪式相当隆重。过去富美宫每年按例要举办多次祭祀活动，灾患之年还要不定期举办水醮、放水灯、送王船以及群众性的水普等。远在晋江、南安、惠安、安溪、同安以至厦门、漳州、龙岩等地的善男信女都闻讯前来参加，地方绅士、县官也来参加祭典，泉州各戏班争先献演。

在富美宫举办的祭祀仪式中，最具特色、最有影响力者要数送王船。泉州王爷崇拜盛行送王船，一般使用竹篾和色纸糊成的纸船，祭祀之后焚化；少数使用木制小船，祭祀之后放进江河，流入大海，但体型小，一遇风浪就沉没水中。富美宫位于江海交汇之处的晋江下游富美渡，所放王船是大型木船，能承载二三百担，类似官船。据《泉郡富美宫志》记载：船上中部设有萧王爷指派的神明神位（三、五或七位，甚至十余位配神，还有班头爷等），有的是木雕金身，有的用标上某王爷尊号的令箭；神座前陈列香案桌，排有香炉、烛台和供品，神座左右排列纸扎的人役和乐队；船两旁插有仪仗木牌、凉伞、彩旗和刀、枪、剑、戟等兵器；后舱装有信徒奉献的柴、米、油、盐、米饭、药材、布料等各种生活用品以及炊事用具；还有在船上放置一只带有金或银耳环的白色公鸡（报更鸡）和活公羊。王船据萧王爷神乩择日下水，信徒们纷纷前往赞筵、犒赏，道士送船祭礼，热闹非同一般。王船下水，要选择几位识水性者佩带符箓登上王船，在鼓乐、鞭炮声中起航顺晋江而下驶出海口，然后在海滩停泊，择定方向，举行交班仪式。王船上的人将佩带的符箓焚烧祷告，意将王船交给神明；船上人上岸，王船随风逐浪而去。

每年农历五月十七日萧王爷神诞，富美宫举行祭祀盛典时还敬献活公羊在宫里饲养，即放生公羊。对此仪式有两种传说：一说萧望之生前孝敬母亲，造小车让母乘坐，由公羊拖拉，自己推送；一说是因萧望之孝顺，人们取羊跪乳之意，他成神后，敬献活公羊以表对他孝行的钦敬。神诞期间另一个活动是借钱，即善男信女在神像前先祷告，祈求保佑合家平安、五谷丰登、六畜兴旺、财源广进，然后向之借钱，数额多少投签而定（一般数额都很少，仅是象征性，能借到认为是种吉利），来年神诞期间则按自己的心愿到宫还钱。

明清以来，随着民众的不断迁移，王爷信仰也传遍海内外。萧王爷信仰在台湾的传播，有的由泉州籍移民直接从富美宫恭请萧王爷香火或金身前往台湾供奉；有的由富美宫所放王船传入；有的是从本宫分灵到晋江、南安、惠安、同安一带，然后再分炉到台湾；还有的则是从台湾奉祀萧府王爷的宫庙再分炉，富美宫成为台湾王爷信仰的祖庙。目前，在台湾因泉郡富美宫所放王船而直接形成的分灵已发现七座：云林县麦寮乡光大寮聚宝宫，系清乾隆四十年（1775年）在该乡雷厝北边的浊水溪南岸发现一块刻有"富美宫萧太傅"等字样的沉香木，村民将其雕塑成萧太傅神像，建宫供奉，初亦称富美宫，后改今名；新竹县堑港富美宫，系清嘉庆元年（1796 年）该地村民拾到泉郡富美宫所放王船，船上有萧、潘、郭三府王爷，被请去建宫供奉；台中县大安乡和安宫，系清嘉庆十四年泉郡富美宫的王船漂至罗施港（今大安港），保长谢家秋等往观，即将王船上的金、吉、姚三府王爷请到家中奉祀，翌年村民择地建宫供奉；台中县高美乡文兴宫，系清末该地村民拾到泉郡富美宫所放王船，船上有三王爷（具体王爷不明），被请入该宫奉祀；苗栗县白沙屯五云宫，系清光绪十一年（1885 年）村民拾到泉郡富美宫王船，船上有新任大总巡（具体的王爷不明），后建宫供奉；苗栗县后龙镇外埔合兴宫，系清光绪二十九年泉郡富美宫放出一艘王船，漂至该地，船上有新任大总巡池、金、邢、雷、狄、韩、章七王爷，村民建宫供奉；嘉义东石港的先天宫，原奉祀保生大帝、纪府千岁，民国十三年（1924 年）又恭迎泉郡富美宫的萧王爷和五府千岁二金身入祀。翌年泉郡富美宫放出的一艘王船漂到东石港西北沿海的伞顶洲，王船上的朱、邢、李三府王爷也被迎入宫中并祀，而且不久在嘉义、三重、高雄、凤山等地都建造了分宫。

云林县光大寮聚宝宫，于清末民初曾多次组团来泉进香谒祖，民国十七年（1928 年）富美宫还特为该宫进香团赠送一方"威镇麦津"匾，迄今仍悬挂于正殿内。嘉义东石港先天宫，于民国十三年农历四月初二日组团来泉进香，富美宫特造萧太傅金身和"灵昭东石"、"功高麟阁"两方木匾赠予。进香团四月十五日返驾台湾东石港，该宫举行隆重的迎驾典礼，并将此日定为"泉州进香纪念日"，以后每年都举行庆典。自 1988 年以来至泉进香谒祖的宫坛更是络绎不绝，有云林县的聚宝宫、集安宫、聚保宫、泰安宫，新竹县的南密里富美宫、堑港富美宫、东隆宫、镇安宫三王府，嘉义市的东石港先天宫、朴子镇镇安宫、北门口先天宫、荏莱先天宫、岭兜武圣殿，台中市的大安港和安宫、梧栖富美宫、圣明坛、文兴宫、聚善宫，彰化县的白沙坑富美宫，苗栗县的吉兴宫、后龙港合兴宫七王府，台南的金唐殿，台北的三重市灵圣宫、新庄丹凤擎天府、新庄镇安坛、板桥妙云宫、北巡宫、兴安宫、代天府、慈德宫、树林镇五府王爷千岁宫及马祖北竿岛同兴社萧王府等上百座宫坛。1989年5月8日，台湾云林县麦寮聚宝宫来泉进香谒祖，5月19日返回高雄。据台湾媒体报道：当天上午，高雄码头人山人海，鞭炮声与锣鼓声响彻云霄。台湾各地2000多个萧太傅分灵宫坛的十多万名信徒，恭迎回祖庙泉州富美宫进香的萧太傅神驾及台湾云林县麦寮聚宝宫进香团顺利返台，护送神轿回府的车队前不见头，后不见尾，"馆阵"有数百队之多。台湾萧太傅信仰和王爷崇拜，不但分布的范围非常广泛，而且崇信的热度非常高。

2. 晋江祥芝斗美宫

祥芝斗美宫相传始建于清乾隆二年（1737年），奉祀池、朱、李三姓王爷。斗美宫所处的祥芝港是一座天然良港，不仅斗美宫自己放王船，连著名的泉郡富美宫的王船也择定在祥芝斗美宫放行。据日人片冈岩《台湾风俗志》记载，清光绪二十九年（1903年）六月十三日，富美宫七王府彩船择定祥芝澳扬帆驾放出洋，后被台湾苗栗乡民所拾取。祥芝也是古代泉州主要的造船基地，许多漂放到台湾的王船出自祥芝工匠之手。斗美宫以其独特的地理位置和人文优势在王爷信仰文化圈中占据一席之地。

祥芝港与台湾省台中港仅距100多海里，两地交往由来已久。

相传斗美宫放王船时，王船先停泊斗美澳，放行前，须由三王府降灵，择定某位王爷押船出海，并举行换服仪式和祭海祈天仪式，并须祥芝海关批文方可出港。王船出港时，三王府均择定祥芝某艘渔船护送到外海。在择定海面做好各种交接手续，确定罗盘航向，使王船自然漂流。

泉州地区没有发现比斗美宫历史更早的池、朱、李三姓王爷庙。而且，祥芝斗美澳是泉州放王船最佳的出发点。因此，祥芝斗美宫在海内外池、朱、李三王爷信仰传播中占有重要的地位。近年来，台湾有十多座宫庙来祥芝斗美宫寻根认祖，接上神缘。台湾梧栖斗美宫、台北三重市斗美宫曾拾获祖庙送出的王船（或船中遗物），直接取名"斗美宫"，以示木本水源。梧栖斗美宫至今尚保存清咸丰年间从祖庙分炉的石香炉。苗栗竹南镇德胜宫也存有当年王船上标识"斗美宫"字样的遗物。苗栗后龙港乾富宫、乾灵坛、高雄公馆湖内乡福安宫、桃园慈隆宫、艋舺集义宫、嘉义东石慈安宫、北隆宫、板桥梧灵宫等王爷庙都与祥芝斗美宫有亲密关系。台北新庄擎天府、桃园龟山天玉宫也来祥芝参访，与斗美宫结为兄弟宫。

3. 晋江龙湖丁王府

丁王府位于龙湖镇衙口中堡，占地面积约 130 平方米，奉祀丁府王爷，并立丁府王爷为境主。丁王爷原供奉在左近一户人家厅堂，相传古时这家主母在家门口缝补，有"谒火"队伍经过，一张写着"丁王爷"字样的"金纸"（纸钱）飞进她放针线的笸箩中，几番扔出，复又飞入。求神指示，于是设神像于厅堂奉祀，即以当日（农历二月十五日）作为丁王爷神诞。因丁王爷神诞期间常有风雨，当地民谚故云："丁阿爷，面乌乌，不是风，就是雨。"①

相传丁王爷为陈埭人，但陈埭并无奉祀丁王爷的宫庙，只在一所厅堂立神主牌祭祀，称"老爹公"。陈埭丁氏八世祖丁仪，明弘治进士，官至四川按察佥事。陈埭丁氏十六世丁苏、丁派等人迁居台湾诸罗县（今嘉义市）斗六地区开发，蕃衍成为丁氏聚落，因位于台湾最西端而名台西丁氏。清乾隆五十年（1785 年）、

---

① 参见完颜仲仁：《晋江民间信仰庙宇》，《泉州道教文化》创刊号，1993 年 10 月。

五十五年，晋江衙口村民粘粤、粘恩、粘尚和粘秉等四人先后携带祖先神主和护境镇宅神丁府王爷香火渡台，分居彰化县福兴乡顶粘、厦粘。① 后人在厦粘村建宝顺宫奉祀丁王爷。云林县口湖乡仑中村下仑福安宫奉祀丁府八千岁，"抓赃有求必应，是全台地区唯一的一尊'抓赃神明'"。

4. 泉州龟山广利尊王庙

广利尊王庙位于泉州清源山龟山岩，祀广利尊王。道光《晋江县志》载："龟山广利尊王庙，在三十九都清源山龟［山］岩。神姓陶，唐时来自江介，行贾闽广间。值岁恒旸，一日早起，遇异头怪面二人，怪其不类，诘而问之，至于再三。二人云：'恭受帝命，兹土合灾，吾挈囊药分投众井，俾饮且食，咸毕其命。'陶大惊怖，曰：'郡人何罪，帝必不尔。'二人相顾微哂。陶复诘问：'何物疢毒，能毕众命？试解而装，俾我别识。'二人解示，陶奋袖夺啖，云：'我代此土生灵，若第休矣。'陶既立化。郡人争异法身，供养于郡左枭羕宫。他日赛谢纸钱，扬灰香烟，所指直谐龟峰。夜有白毫，昭耀岩谷，樵牧惊骇。遡烟灰所由，知神意属此。郡人即岩创庙，异法身祀焉。国朝雍正九年间，郡人曾邦庆等倡修。按：《闽书》误以枭羕宫为广利尊王立，今改正。"

5. 同安马巷元威殿

元威殿又名"元威堂"，俗称"池王宫"。明万历年间始建于泉州府同安县马巷（今属厦门市翔安区）五谷市榕树下，明天启二年（1622 年）迁至马巷镇。元威殿为闽台池府王爷开基祖庙，俗称"正炉"、"祖炉"或"总炉"，分炉各地，多达 1000 余座。农历六月十八日神诞，香火鼎盛。

《同安县志》、《马巷厅志》载："元威殿在五甲街，相传神为

---

① 参见吴永胜、李显扬：《闽台满族的始祖墓》，见《永宁乡土资料汇编》，永宁镇乡土资料编委会 1995 年印行。

武进士，池姓，于耆老梦中得之，后现像里社，乡人鸠众建庙，遇有疾疫，祷告甚灵，时称为池王爷。"池王爷，名然，字逢春，又名德诚，原籍南京，明万历武进士（文中举人）出身。相传明万历五年（1577 年），池然调任漳州府道台，赴任途中，于同安马巷小盈岭路遇二使者，自称奉玉皇大帝圣旨，要到漳州播撒瘟药，裁减人口。池道台为保护漳州生民，设计智取瘟药，自服身亡。人们深为敬佩，塑像奉祀，尊为池王爷。玉帝也为池道台舍身救民所感动，敕封"代天巡狩"，后又加封"总巡王"、"总制"。元威殿供奉的还有周元帅、石先锋、黄将军、郑将军、田将军、黑白二将、黑虎大将、齐天大圣、韩府娘娘、马使公记吴舍人等以及池王爷的二位夫人、六位公子。

6. 晋江安海瑞丰殿

瑞丰殿全称"泉郡瑞丰殿代天巡狩邱王府正堂"，位于晋江市安海镇塔兜榕树旁，奉祀宋末元初金门理学家邱葵。俗称"邱王爷"。塔兜村陈艺坚平素崇奉钓矶翁邱葵，明洪武十七年（1384 年）向同安马巷一邱氏画家索取一幅邱葵画像，供奉于塔兜村祖庭。崇祯七年（1634 年）春，其七世孙陈镇游重建歇山式庙宇，香火渐盛。瑞丰殿先后分炉金门东萧村涌源庙、西山前村圣侯庙、凤翔村宏德宫等地。

7. 南安水头寿溪宫

寿溪宫专祀黄府大人，就是金门慈德宫所供奉的"太守祖"黄伟。金门金沙镇大浦头慈德宫始建于清光绪二年（1876 年），原为乡贤、"品德完人"黄伟故宅，主祀代天巡狩黄府大、二、三王爷。①

黄伟字孟伟，号逸所，别号逸叟，金门汶水头人。明正德进

---

① 参见杨天厚、林丽宽：《金门寺庙巡礼》，稻田出版有限公司 1998 年版，第 239 页。

士，学纯行粹，与理学家蔡清、陈琛、张岳等人并称"温陵十子"，有"品德完人"美称。嘉靖十六年（1537年），泉州大饥，黄伟受巡按之托，与俞大猷共同主持赈务，积劳成疾，死而后已。相传黄伟弥留之际，水头下店有位黄姓乡老梦见黄大人身穿白色衣袍，骑着白马，沿下店寿溪岸边姗姗而行，并嘱咐这位乡老为他建祠。乡老于是集资于溪旁兴建寿溪宫，崇祀黄伟，尊称黄府大人。寿溪宫成为水头下店的民间信仰中心。金门黄伟墓及慈德宫与水头寿溪宫相互辉映。1949年之前，下店村民每年农历五月十二日到金门揭火，后改为八月十一日。2005年，下店村民恢复到金门寻根，回程时，下店接神的队伍绵延四五里，黄伟信仰已越出黄氏族人的范围。①

8. 漳州教苑代天府

代天府位于芗城区瑞京村西街教苑，俗称"王爷公庙"。明洪武十年（1377年），漳州城西隅教苑乡民于洪水中获得一面"代天巡狩朱王府"神牌，为求神灵保佑，乃鸠资建庙，奉祀朱王爷。

代天府坐东朝西，硬山顶，单进，面阔一间，庙前棚式搭盖，深四间，前有亭，占地面积2572.4平方米，建筑面积1295.4平方米。主祀朱府王爷，配祀池、李、温、康府王爷，附祀桨宫爷和福德正神。庙中现存清康熙三十六年（1697年）贡生陈远所谢"声灵赫濯"匾及道光十二年（1832年）习古恭弟子谢文旭、道光二十八年郑在福、同治七年（1868年）举人蔡天保等敬奉的三个石香炉。代天府每年均隆重举行送王船活动。其信众遍布各地，相传1935年印尼旧港发生瘟疫，侨胞奉祀朱府王爷，祈求神祇赐药，多获灵验，誉称"朱神医"。

---

① 参见《金门日报》2006年10月2日。

9. 漳州官园习益宫

习益宫亦称"禅师公庙"，原址在漳州城东官园社，二进，外表看是一座宫庙，但前后两殿建于不同时代。后殿为禅师公庙，单进殿堂，祀大德禅师、观音菩萨等。相传禅师公庙始建于宋代，因历朝屡次重建或修建，有关建庙的碑石和文字资料均已无存。现存两尊石雕罗汉，约1.1米高，简朴浑古，应为宋代石雕像。前殿为习益宫，系明万历三年（1575年）于禅师公庙前添建一殿，前后殿之间，另建两廊，中留天井，使前后殿连接成为一座宫庙。习益宫原称"漳州第一宫"，因方言"第一"与"习益"谐音，清嘉庆十二年（1807年）重修时改称习益宫。宫内主祀池王爷神像。

民俗农历六月十八日为池王爷寿诞日，十月初四为池王爷归神日，官园八乡信众举行盛大祭典。习益宫珍藏有池王爷药签112首、签诗28首以及嘉庆重修碑、民初抄录的《官园习益宫咒簿》等。

10. 东山铜陵泗美宫

泗美宫位于东山铜陵镇南门湾澳角尾海边，俗称"王爷公庙"，坐北朝南，面对台湾海峡。泗美宫主祀周幽王驾前谏议大夫唐宏（大王爷）、葛雍（二王爷）、周武（三王爷）。传说三人因竭力谏阻周幽王纳褒姒为妃，被贬镇守渤海。周幽王宠迷褒姒，以烽火戏诸侯，失信于天下。时三人闻烽火驱舟救国，途遇飓风溺海而亡。不久，北方犬戎入犯，周幽王被掳。幸三人英魂显化驰兵陷阵，终于击败强虏保住西周天下。三人尽忠救国，魂归大海，遂被敕封为"代天巡狩""镇海保国三将军"。后人立庙塑像奉祀，称"三王爷"。

泗美宫始建于南明永历年间。郑成功据东山为反清复明重地，为树立尽忠保国英勇典范，鼓舞将士抗清斗志，倡建泗美宫于铜陵南门湾，塑三王爷神像供军民朝拜。庙墙嵌有青石碑记，刻镌郑军部将彭、胡等捐建泗美宫者名字。

郑成功收复台湾时,从东山启征将士将泗美宫王爷、清元宫哪吒三太子、净山院妈祖等神灵分请上船,香火传入澎湖、台南、台北等地。据传三王爷曾佑助郑成功水师征台告捷,尔后又多次匡助东山军民杀退来犯的盗匪,故威灵远震,其香火于清代衍播于闽南、闽中及粤东沿海一带。

泗美宫原有门楼、大院、拜庭、大殿及左右厢房,庙前临海有大埕;总面积约 1000 平方米,建筑面积约 300 平方米。1939年,日军派飞机轰炸东山,炸塌泗美宫。现泗美宫庙前筑一小埕,临路石砌栏杆围护。拜庭两边嵌墙有石碑。

大殿前为六开雕花屏风门。前额悬挂鎏金大匾"泗海南天",后额亦悬挂一匾"复国通洲"(此匾原为门楼匾额,仿制)。大殿正中供奉三王爷金身雕像,上方悬挂"代天巡狩"鎏金匾。祀案上置一鸡血石香炉,上刻"代天巡守",边有小字:"光绪二十九年桂月吉旦,南门澳大舽船户众弟子敬叩。"祀案右边另置一艘二桅大帆船模型,意为王爷巡海殉国所乘之船。大殿左右两边各有配祀神,左为伏羲大帝、观音菩萨,右为与三王爷一道殉难的舵公爷、水手公。泗美宫左侧厢房另辟一殿,奉祀玄坛爷赵公明(原祀)、孔子。

第四章

禅道神仙信仰

在闽南，有些高僧、道人、异人被神化，赋予祈雨、驱邪、御寇、祈梦等种种世俗化功能，成为深受民众欢迎的民间神祇。

第一节 三平祖师

三平祖师又称广济大师，俗名杨义中，原是唐代的一名高僧，圆寂后逐渐演化为佛教俗神。他生前创建的平和县三平寺，迄今香火鼎盛，每年春秋二季，从海内外来三平寺进香礼拜者，多达数十万人。

根据三平祖师生前至交好友王讽所撰《漳州三平大师碑铭并序》，三平祖师俗姓杨，名义中，祖籍陕西高陵。因其父官宦入闽，义中出生于福唐（今福清市）。14岁时随父仕官宋州（今泉州），投拜玄用禅师门下，剃发出家。27岁时受具足戒。他先修三摩钵提，后修奢摩他禅那，达到很高的修养境界。受具足戒后，义中即拜别玄用禅师，云游天下，先到京兆府章敬寺拜怀晖禅师为师，继而到虔州拜谒西堂智藏禅师，然后又到洪州百丈山向怀海禅师学法。这几位禅师均为慧能的嗣法弟子马祖道一的高徒，义中追随他们达十年之久，深得禅宗要旨，后又去抚州拜谒石巩慧藏禅师，八年后南游潮州，拜谒大颠宝通禅师。经过近二十年的游历，义中学有所成，于宝历初回到福建漳州弘法，任开元寺后面的三平真院的住持，门徒甚众，"学者不远荒服请法者，常有三百余人"。会昌五年（845 年）武宗毁寺灭佛，强迫僧尼还俗，义中率门徒避居于平和县三平山，建三平寺，继续弘法。大中元年（847 年），宣宗即位后，佛教又取得了合法地位，义中复出，应漳州刺史郑熏的邀请，出任漳州开元寺住持。咸通十三年（872 年）农历十一月初六，义中去世，享年 89 岁。

由于王讽是在咸通年间才和义中结识的，所以其文对义中长达近二十年的访师求学的经历仅一笔带过，不过，宋代普济编撰的《五灯会元》中有关记载可以弥补这一不足。《五灯会元》记载着两个故事：其一说的是义中拜谒石巩时，一见面，石巩张弓搭箭，对准义中大喝一声："看箭！"义中见状，不但毫无惧色，反而用双手拉开衣襟，挺胸挡箭，说道："此是杀人箭，活人箭？又作么生？"石巩用手弹弓弦三下，喟叹道："三十年张弓架箭，只射得半个圣人。"禅宗最基本理论是"直指人心，见性成佛，不立文字"。石巩张弓架箭，直指人心，暗示义中学禅要直指本源，方能见性成佛。义中领悟此中义理，挺身挡箭，但他所示的"心"尚不是《楞严经》所说的"大心"，而是"肉团心"，所以石巩说"只射得半个圣人"。其二说的是元和十四年（819 年），韩愈由于谏迎佛骨，被贬官到潮州当刺史，经常与大颠宝通禅师谈禅论玄。有一天，韩愈向大颠请教："弟子军州事繁，佛法省要处，乞师一语。"大颠听了，良久不作声。这时，义中随侍在大颠身边，乃敲禅床三声。大颠问道："你在做什么？"义中答道："先以定动，后以智拔。"意为欲求佛法，须先以静坐入定，由定生明，才可望顿悟成佛。韩愈听后，若有所得，赞道："和尚门风高峻，弟子于侍者边得个入处。"另据《漳州三平山广济大师行录》记载，义中拜谒大颠禅师时，初见面，只听见大颠喝道："卸却甲胄来!"义中"退步而立，由是妙造空中，深了无碍"。按照佛教理论，人的认识有"俗谛"和"真谛"之分，俗谛即世俗的见解，凡人均有俗谛，犹如身上甲胄，学法之人若不解去甲胄，就不可能露出全身，若不抛弃俗谛，便无法觉悟成佛。大颠的"卸却甲胄来"即寓此意，而义中"退步而立"，说明他已悟到了俗"有"真"空"的禅理，所以说他"由是妙造空中，深了无碍"。上述三个故事均说明了义中在禅宗理论方面有很高的造诣，是唐代的一名高僧。

三平祖师圆寂后，即有许多民间传说广为流行。明万历三十五年（1607年）漳东居士王志道摹述、同郡李宓所书的《漳州三平山广济大师行录》，记述了"卓锡化树"、"降服众祟"、"鬼魅造寺"，以及"擒服大毛人，收为毛侍者"等民间神话传说，这些记述表明三平祖师已演化为佛教俗神了。

明嘉靖以后，《八闽通志》、《重纂福建通志》、《福建通志》、《漳州府志》、《平和县志》、《漳浦县志》等方志均有三平祖师的传记，但内容并没有超出《漳州三平山广济大师行录》。不过，流传于民间的有关三平祖师的神话传说要比方志记载的丰富得多，文学色彩也较为浓厚。如相传山鬼们答应为三平祖师建造寺院，但要他闭目七日，方可建成。三平祖师答应了，闭目念经五天五夜，耳边只听到山鬼们干活时发出的各种声音，似乎十分劳碌，心中大为不忍，就在第五天的夜晚微睁双目，向四处观看，这两道目光犹如两道电炬，霎时间照彻整座寺院，山鬼们惊恐万状，四处奔走躲藏，有的躲避不开，就变成了蛇虺，钻到水井、阴沟里去了。有几只蛇虺被三平祖师抓住，叫它们当侍者，俗称"蛇侍者"，至今三平寺三平祖师塑像左右仍站立四位青面獠牙的蛇侍者。距三平寺十里许还有一座侍者公岭庙，专祀蛇侍者。志称，三平祖师去世后，蛇侍者"显应异常，凡游人释谒欲观侍者，但一默祷，则有蛇虺应念而至，倏忽甚众，不解从来。或有不诚，辄为之祟。或许愿未赛，家内每现侍者"。又传蛇侍者平时化成小黑蛇，头部为八卦形，它在谁家出现，即被视为吉庆的征兆，故三平村百姓不但不怕蛇，而且还形成人蛇相亲的独特习俗。

明清时期，三平祖师信仰还传到台湾，至今台南尚有一座三平寺的支院——三平文济宫。

1. 平和三平寺

三平寺是晚唐高僧杨义中禅师于咸通七年（866 年）所创建的闽南佛教名胜古刹。寺内主祀义中禅师，敕号"广济大师"，俗称"三平祖师"。

三平寺位于漳州市平和县文峰镇三平村境内，坐北朝南，北靠狮头峰山脉，西邻九层岩，依山而筑，前低后高。寺为三进三开间的古朴殿宇，结构精致严谨，体现出中国传统纵轴式建筑风格。主体建筑面积 3000 平方米，在中轴线上依次为天王殿（半殿）、大雄宝殿、祖殿、塔殿。左右为长廊，各有 208.7 米。进了大门便见三平寺天王殿，殿门上的匾额"三平寺"是赵朴初居士所题。

一进大雄宝殿。面宽五间、单檐、歇山顶。两侧为二层的钟鼓楼，钟楼里置有一口一千多斤的大钟，鼓楼里有大鼓，节日时，钟鼓齐鸣，庄严肃穆。殿前埕中铸有一个一吨多重的宝鼎及一对栩栩如生的石狮。大雄宝殿内，供有三宝佛及十八罗汉金身塑像。左右单间供奉着迦蓝爷和开漳圣王陈元光夫妇的坐像。

二进祖庙。面宽三间，堂中奉祀三平祖师金身塑像，边立青面獠牙侍者。

三进塔殿。它的基座高于二进祖殿两米余，两侧设台阶通往殿堂。殿为正方形，面积有 200 平方米左右。殿正中屋顶藻井谓蜘蛛结网八卦井，结构精巧。殿内有一石龛，当中端坐广济大师塑像，龛边对联曰："法大无边龙虎伏，道高有象鬼神惊。"龛后左边供有三平祖师的师父石巩、慧藏禅师，右边供奉着有功于三平寺的宋吏部尚书和明南京吏部尚书潘荣像。塔殿后面有一石刻佛像，谓之石公。相传是三平祖师真容，也是三平寺中仅存的唐代文物。

相传三平寺为蛇穴宝地，三殿之中轴线左右曲进，从后山俯瞰，有游蛇动感之美，整座建筑突出了三平寺中轴转动、蜘蛛结网、八卦门拱、雕龙饰凤、鬼斧神工之特色。

每年正月初六（祖师公出生之日），六月初六（出家纪念日），十一月初六日（圆寂之日）及春节，三平寺都举办隆重的庙会和祭祀活动。

2. 漳州初华坊

初华坊地处漳州市新华东路 530 号，位于九龙住宅小区内的繁华区域。该庙相传始建于清咸丰元年（1851 年），当时是座建筑面积仅 9 平方米的小庙，祀瘟府三帝君。据当地老人介绍："民国二十一年，漳州城发生鼠疫病，死亡五六千人。当时人心惶惶，莫知所措。后由乡绅蔡潮初中医师倡议，请三平寺广济祖师神像来镇，意为压邪除瘟。本来计划坐镇 12 天就返回三平寺，但信众求神明长期留驻初华坊，盛意难却，只好另塑一金身送回三平寺。"从此，初华坊祀奉三平祖师，并冠以"三平分镇"之名。

现初华坊建筑面积 360 平方米，占地面积 600 多平方米，为两进半间庙宇，面阔三间，进深三间，坐西北向东南，硬山顶。初华坊门前竖立两根雕龙青石柱，中门对联曰："初日万方开胜景，华封三视荷神府。"前殿祀瘟府三帝君。后殿中堂祀三平祖师，左边祀玄天圣母（原供奉在"顶井巷"妈祖庙）与伽蓝大王，右边祀山西夫子（原供奉在"六十间"帝君庙）与将官爷，祖师公坛后又供奉三宝佛。

第二节　清水祖师

清水祖师名普足，俗姓陈。宋仁宗景祐四年（1037年）正月初六日生于永春县小岵乡。幼年出家大云院，持斋戒杀，诵习经忏。及年长法明，乃结庵高泰山。听说大靖山（在今永春县吾峰乡境内）明禅师道行圆满，普足进山参拜为师。普足在大靖山有年，聆受佛教大、小乘妙谛，深有领悟。辞归时，明禅师授以法衣，嘱其行事需以利物济民为志。普足力遵师嘱，营种种方便，以济人为志。初仍归高泰山，不久移居麻章庵，多次募款，修造桥梁数十处，济困扶危，广施医药，辄著奇效。每遇亢旱，便为邑民设坛祈雨，恳诚感人，众口争传其效应，由是名声大噪。

北宋元丰六年（1083年），清溪（今安溪）大旱，崇善里（今蓬莱镇）人刘公锐，素仰麻章上人普足道行高深，率众迎请莅乡祈雨。普足来时，住张岩之石宫。据传，翌日设坛，果沛甘霖，乡人大悦，恳请长期驻锡。普足爱慕此地风景幽雅，欣然应允。于是乡人集资，在张岩开辟草莱，构屋供其居住。普足见是处清冽石泉，因之改名"清水岩"。此地系刘公锐家产，公锐感服普足道行，遂将原张岩之山林田地，悉数拨充寺业。刘光锐后被立为檀樾主。

普足驻锡清水岩，当年便募资建造通泉桥、谷口桥。元祐八年（1093年）之后，又建成汰口桥。他医道高明，为方便乡人就医，于山下洋中募建亭阁一座，名曰"洋中亭"，经常在亭中义诊施药。他还不辞辛劳，远游各地，为人治病驱疫，甚著效验。

北宋建中靖国元年（1101年）五月十三日，普足在清水岩坐化。生前曾以后事嘱刘公锐："形骸外物，漆身无益。"乡人为葬岩后，运石甃塔，名曰"真空塔"，并以沉香木刻像供岩殿中。流传民间的清水祖师试剑削巉石、比法渡悦巾、袈裟收鬼众、方池传浮杉、移雨泉州府、请风扫虫害等许多故事传说，反映百姓对其驱邪斗恶、济世行善的崇仰之心。政和三年（1113 年）十二月，知县陈浩然为他立传。

清水祖师主要功绩有二：一是热心于慈善事业。清水祖师一生劝造数十座桥梁，实践了佛教的"济人利物"、"广种福田"的教义，而对百姓而言，修桥铺路是功德无量的善举，符合"凡有功德于民则祀之"的惯例，所以得到百姓的敬仰甚至崇拜也是很自然的事。二是清水祖师在世时，以祈雨经常"获应"而闻名。在百姓看来，祈雨获应是因为"道行精严，能感动天地"，所以百姓赋予清水祖师以神奇甚至神秘的色彩。

普足生前广行善事，驻锡清水岩十有八年，功绩显著，惠及于民。因此，身后百姓顶礼崇奉，香火旺盛。地方父老、官吏，上书请表，予以敕封。南宋隆兴二年（1164 年）至嘉定三年（1210 年），先后四次获得封号，每次两字，冠以"大师"。

第一次请封是在南宋绍兴年间。安溪县姚添等人上书请求敕封，理由是清水祖师生前剃发为僧，苦行修炼，圆寂后，"本县亢旱，祷祈感应，乞保奏朝廷，特加优奖"。朝廷批示福建路转运司调查。转运司委派龙溪县主簿方品前往体察，回报"委有灵迹，功及于民，保明指实"。不久，又派遣转运司财计官赵不紊再往安溪核实，也回报说："委有灵迹显著，保明是实。"绍兴二十六年（1156 年），转运司上奏朝廷，要求予以敕封。隆兴二年（1164 年）十月旨下，敕封"昭应大师"。

第二次请封是在淳熙元年（1174 年）前后。安溪迪功郎政事仕林时彦等人联名上书，称昭应大师"祈祷感应，有功于民"，请求增加封号。朝廷命福建路转运司派人核实，永春县主簿迪功郎黄愫、莆田县丞姚仪、漳浦县主簿周鼎以等人先后到安溪核实，均列举一系列"灵异"，证明清水祖师"委有灵迹，惠利及民"。淳熙十一年（1184 年）三月敕封清水祖师为"昭应慈济大师"。

第三次请封在庆元六年（1200年）。福建路转运司保奏清水祖师"祷雨辄应"，有功于民，乞加封。嘉泰元年（1201年）三月加封为"昭应广惠慈济大师"。

第四次请封于嘉定元年（1208年）。理由是泉州自开禧三年（1207年）九月后，少愆雨泽，州内两次祈雨于其他神灵均未获感应，翌年四月祷于清水祖师，"当晚降雨"，有惠及民，乞求加封。官府先后派仙游县主簿韩淤、长泰县县尉何葆前往复查核实，均以"祈祷灵验，惠利及民"奏报。嘉定三年五月再加封为"昭应广惠慈济善利大师"。

从敕封牒文和其他文献记载来看，清水祖师祈雨职能较之其他神灵突出，自宋代以来一直成为闽南地区祈雨的主要对象，志称：清水祖师"于祈雨最灵，自宋至今，由来已久"。仅南宋时期，有文献记载的向清水祖师"祈祷雨，无不感应"的"灵异"就多达16次。清水祖师除了祈雨这一主要职能外，还有治病、驱逐蝗虫以及防御盗贼等职能，志称："凡人有疾病，时有雨旸，及盗贼之扰，随祷随应。"

元代，朝廷和地方官府对清水祖师大加推崇。大德五年（1301年）三月，安溪县尹兼劝农事陈均与敦武校尉泉州路安溪县达鲁花赤兼劝农事秃忽鲁等人，奉朝廷谕旨，制文备疏，诣清水岩致祭祖师。至顺元年（1330年），泉州州官祈雨抗旱，祈求清水祖师"显灵"，事后特制"为霖"匾额送挂清水岩殿。

明清时期，清水祖师的香火遍于八闽大地，影响极大。文献记载："自宋以来，历任郡守司牧，祷雨祈祥，靡不辄应，庙食于今八百余年矣。自上游延、建、汀、邵，以及下游福、兴、漳、泉，晋殿而分香火者，不胜纪数。"在闽北和浙南一带，有许多山岩，如霞宝岩、珠帘洞、垆岫岩、青狮岩、土地公岩、天心岩、天井岩等等，都供奉着清水祖师香火，故谚语云："有岩就有祖师公。"

　　蓬莱民众有迎清水祖师公的传统民俗。迎祖师公由来已久，规制严格。大体是每年农历十二月十六日产生"佛头"（蓬莱乡民分三庵堂二十七股，每股九年轮当一次"佛头"），次年正月初六日为清水祖师圣诞，择日开香，宰猪备办供品，请客宴客，接着大迎三天。大迎时，扛大旗，敲锣鼓，放火铳，放鞭炮，撑大香，浩浩荡荡的迎春队伍从清水岩寺迎请清水祖师下山巡境。届时善男信女云集，人山人海。至第四天举行"佛头"交接，后复送清水祖师返回清水岩寺。

　　明中期以后，随着安溪人迁移台湾，清水祖师香火也传入台湾。早期的安溪移民仅仅把祖师香火供奉于家中，随着移民人数的增多和村落的形成，清水祖师庙被陆续建造出来。已知台湾最早的清水祖师寺庙是建于南明永历年间的台南楠梓区清水寺和彰化二林镇祖师庙。清康熙以后，台湾祖师庙如雨后春笋般地涌现，凡是有安邑移民聚居的地方，必有祖师庙。其中规模最大的是台北市万华清水祖师庙，其庙联"本清水岩，名淡水寺；辟草莱地，造蓬莱山"和"佛是祖师，我先入已称弟子；岩乃清水，此淡地好溯源流"，道出了闽台清水祖师信仰的源与流的密切关系。台北三峡祖师庙则最为华丽，该庙始建于清乾隆元年（1736年）。光绪二十一年（1895年），清廷割让台湾给日本，当日军进逼三峡时，三峡居民（多为安溪移民）奋起反抗，组织起五六千人的义勇营，以祖师庙为军械库和粮库，以祖师公的大红旗为令旗，杀伤日军1000余名，体现了不屈不挠的中华民族英雄气概。恼羞成怒的日军，焚毁三峡祖师庙以示报复。但台湾人民更加崇信祖师，先后三次重建三峡祖师庙，使之更加宏丽。整座建筑采用五门三殿式的布局，从台阶、地板、墙壁，到林立的柱子，均用观音石制成，精雕细琢。仅石柱就多达156根，根根精细剔透。雕刻时间少则一年，多则三四年。其中一对"百鸟朝梅"柱耗时最久，一百只鸟不仅姿态不同，连种类也各异，或展翅飞翔，或伫立枝头，无不生动活泼，令人眼花缭乱，叹为观止。屋梁有圆形、方形、螺形、菱形、四角形、五角形、十二角形等，都镶嵌着由两三寸厚的柚木或樟木雕刻成的立体图案，或涂朱抹红，或嵌以金箔，金光闪闪，富丽堂皇。屋梁旁的斗拱刻有罗汉和狮子，造型逼真，细腻自然。藻井为螺旋形结构，精雕数百朵莲花。五门皆铜铸而成，上面有细致的浮雕。石壁之间也有铜铸浮雕，均出自名家之手。三峡祖师公庙被公认为台湾庙宇艺术雕饰的杰作，素有"东方艺术殿堂"之美誉。

台湾正式登记的清水祖师庙宇有百余座，故有"有岩就有清水庙"，"有安溪人就有祖师公"之说。《台湾省通志》卷二记载，从清康熙二十八年（1689 年）至民国三十七年（1948 年），台湾省至少建有 62 座清水祖师庙：

表 4-1　《台湾省通志》所载台湾清水祖师庙统计

创建时间	寺庙名称	庙　址
康熙二十八年	福清宫	高雄县仁武乡
雍正七年	祖师庙	澎湖县马公镇
乾隆初年	长福岩	台北县三峡镇
乾隆三十三年	福安寺	台南县后壁乡
乾隆五十五年	艋舺清水岩祖师庙	台北市龙山区
乾隆五十七年	顶泰山岩	台北县泰山乡
嘉庆元年	龙山寺	台南县南区
嘉庆二年	广济宫	台南县白河镇
嘉庆八年	文兴宫	高雄县永安乡
嘉庆十年	祖师公庙	台南县山上乡
嘉庆十二年	清福庙	高雄县大社乡
嘉庆十五年	祖师庙	屏东县里港乡
道光二年	德安宫	彰化县和美镇

续表

创建时间	寺庙名称	庙　址
道光十年	清水寺	台南县新化镇
道光十三年	福安宫	嘉义县鹿草乡
道光十八年	清水宫	台南县新化镇
道光十八年	万庆岩	台北县景美镇
道光二十年	普济寺	宜兰市
道光二十四年	石泉岩	台北市大安区
道光年间	三佛宫	宜兰县五结乡
咸丰二年	青山寺	南投县名间乡
咸丰四年	龙泉岩	台南县麻豆镇
咸丰十年	祖师公坛	台南县南化乡
同治元年	祖师公庙	台南县山上乡
同治元年	金山岩	台南县麻豆镇
同治元年	宝山寺	宜兰县苏澳镇
同治九年	奉天宫	嘉义县大林镇
同治十三年	永安宫	台南县后壁乡
光绪五年	德馨宫	台南县后壁乡
光绪十一年	福隆岩	宜兰县芦竹乡
光绪十八年	清水宫	台南县新市乡
光绪二十三年	清水宫	台南县新市乡
光绪三十二年	紫云宫	南投县草屯镇
光绪三十三年	慈云庵	新竹县新竹市
宣统三年	灵照宫	台南县新市乡
宣统三年	建安宫	屏东县万丹乡
不详	长福岩	台北县新店镇
不详	歧山岩	台北县新店镇
不详	清水寺	屏东县万丹乡

续表

创建时间	寺庙名称	庙　址
民国二年	祖师公庙	台南县玉井乡
民国二年	清龙岩	彰化县秀水乡
民国二年	保安宫	台北县淡水镇
民国八年	佛山寺	屏东县林边乡
民国八年	清水祠	高雄县冈山镇
民国十一年	龙泉岩	台中县龙井乡
民国十二年	慈光寺	台北县木栅乡
民国十二年	狮管坛	台南县关庙乡
民国十二年	祖师殿	台南市新兴区
民国十二年	祖师庙	澎湖县马公镇
民国十三年	集福岩	台北市土城乡
民国十六年	北院庙	屏东县崁顶乡
民国二十年	清水宫	高雄县仁武乡
民国二十一年	清水岩	台北县淡水镇
民国二十三年	清水宫	高雄县美浓镇
民国二十三年	荐善堂	高雄县阿莲乡
民国二十四年	清水坛	台南县龙崎乡
民国二十四年	广济宫	台南县善化镇
民国二十五年	清水寺	高雄县燕巢乡
民国二十七年	清水宫	台南市左营区
民国三十五年	清水寺	高雄县湖内乡
民国三十五年	龙岩宫	台北县瑞芳镇
民国三十七年	福安堂	台南县关庙乡

　　清水祖师是台湾民众敬奉的主要神祇，居妈祖、保生大帝之后名列第三。清水祖师信仰带有浓烈的闽南区域文化特点，每年农历正月初六祖师诞辰日，各庙宇均隆重举行清水祖师祭祀庙会

活动，连续数日绕境游神，信众拈香烧楮，祈求消除灾祸、社里平安，并通过这一民间信仰习俗来维系怀念故土、认同祖国和中华民族的乡土情结。1998 年底举行的清水祖师金身巡台，是继妈祖金身巡回之后在台湾掀起的又一次民间迎神热潮。祖师金身巡境所到之处，各地均开展盛大的恭迎仪式，家家户户设香案奉接，成千上万信众云集，争相顶礼膜拜。台湾各大报刊和电台、电视台纷纷进行连续报道。

1. 安溪清水岩

北宋元丰六年（1083 年），麻章上人普足应清溪县崇善里刘公锐率众恭迎礼请，莅临清水岩。他驻锡 18 年间，事迹累累，乡里乡外民众闻之，纷纷捐献钱物，兴建岩宇，使清水岩寺初具规模。祖师圆寂后，住持僧惠清四处募缘，于南宋宝庆三年（1227年）改建殿堂、大藏楼、复阁等，岩宇的规模愈见宏大。

南宋景炎二年（1277 年），清水岩寺遭兵乱而破坏。翌年，僧一果住持清水岩，筹划重建岩寺，百姓踊跃集资，先后营建了殿阁和积茶寮。元至元二十七年（1290 年），一果圆寂，弟子崇远等承师遗志，续修岩寺，至元延祐四年（1317 年）竣工。《清水岩志》对这次重建岩寺作如下记载：“大小山门、门楼、官廨、仓宇、浴室、后架、邮亭，未盖者盖之；雕饰像相，漆绘灰土，未完者完之；甚以内外更张，开宗明目，有所利益，毕力成之。”相传，清水岩寺“帝”字形结构和 99 间的宏大规模，至此已奠定下来。

明清时期，清水岩寺又多次修建。规模较大的有三次：一是在明嘉靖四十三年（1564 年），泉州开元寺僧正隆住持清水岩，率徒众用了二十多年时间修建岩寺。正隆去世后，其弟子日恩、日盈相继住持清水岩，继续修建岩寺，邑令廖同春也捐巨资修建觉亭、铺设觉路，使清水岩寺再添异彩。二是清道光十五年（1835 年），僧钟荣与监生柯大梁、刘飘芳等人四处募捐，于翌年修葺了觉亭、昊天口、中阶及左右阶、上下殿、东西楼、大悲阁等。三是光绪二十五年（1899 年），住持僧智慧募巨资，重修岩寺，闽南百姓踊跃捐款捐物，添砖加瓦，凡大殿、释迦楼、昊天口、东西楼、观音楼等建筑均进行全面重修，使岩寺面貌焕然一新。

现存的岩寺，是 1966 年以来在海内外信众的大力支持下，经过二十多年的整修、改建、扩建而形成的。岩寺的整体布局、建筑风格均按古文献记载重修，尽可能保持原有的风貌。岩寺依山而建，外观仍呈"帝"字形，共分三层。第一层为昊天口，从岩庭正中登石阶至外廊，上又虚设一层附在岩壁，后檐及中间各减柱四根，成为廊道。第二层为祖师殿，面阔三间，进深三间，补间铺作两垛，雀替精雕龙凤，当心间为如意斗拱，穹窿藻井，余为平拱天花。殿前有两根辉绿石凿刻的蟠龙大柱，雕工精细，条纹流畅。第三层为释迦楼，俗称顶殿，石檐当心间设木龛，崇奉释迦佛。主殿两侧依次毗建楼阁亭榭，大庭左侧为檀樾祠，右侧为观音阁，上右侧为芳名厅、客舍，上左侧为斋房、餐馆等，层叠勾连，构成了巍峨壮观的建筑群。整座建筑古朴典雅，美轮美奂。岩殿外观朱墙绿瓦，飞檐翘角，富丽堂皇。殿前壁上，各种浮雕石刻，栩栩如生。殿内翔龙蟠柱，呼之欲出；梁柱彩绘斗拱，光彩夺目。岩寺坐落的山脉形如雄狮，后为天然巨石拱孔似狮喉，中殿是清水祖师座，殿下两阶似狮唇，从清水法门外延伸而出的觉路似彩带，末端觉亭似球，构成"金狮舞球"景观。

2. 漳浦赤水岩

赤水岩位于漳浦县赤湖镇后湖村赤水自然村，故称赤水岩。始建于南宋淳熙二年（1175 年），元至正、清乾隆两度重修，至今保护完好，是漳浦县唯一奉祀清水祖师的寺院。

赤水岩为三进三开间建筑，左右各有厢房。正殿祀清水祖师，殿联"清水鸿声光法界，丹山瑞色入华堂"；"一片婆心提觉路，三千正界示迷津"。寺中保存碑记三通，一是南宋淳熙二年（1175 年）所立《昭应菩萨记》，立于殿左，记述清水祖师生平及死后被祀为菩萨，敕封为昭应天师，并从安溪迎香火来此建寺恭祀的经过。二是元至正九年（1349 年）所立，嵌在壁间，记述赤水保万石坊弟子万崇甫喜舍石狮之事。三是清同治十三年（1874年）住持僧林敬昌立，也嵌在壁间，记述赤水人陈蝉卖给林敬昌山地的坐址、四至及价银。

万崇甫所舍石狮，据碑记是一只，而保存至今的却是一模一样的两只，都是四足立地，与一般踞坐式石狮不同，别具一格。背上都浮雕鞍被，有络带，表示可以让清水祖师当坐骑，狮身还浮雕图画，很有特色。

赤水岩清水祖师是从安溪清水岩传香而来，赤水的信众每年也都到安溪去朝拜清水祖师，以示不忘本源。清水祖师生日为正月初六日，四乡民众无不到庙朝拜。漳州尚有许多民间信仰宫庙陪祀清水祖师。

第三节　三代祖师

龙湖寺位于德化县美湖乡上漈村西北部的龙湖山，海拔 1350米，山顶平凹如船，凹处有青草湖。湖外转北处，有一泉水汇聚为碧水池，龙湖寺就建在金峰碧水之中。龙湖寺由天王殿、大雄宝殿、祖师殿和卧佛殿四大殿堂组成，建筑面积 1050 平方米，是为德化四大名刹之一，也是闽台众多三代祖师寺庙的发祥地。

三代祖师俗姓林，名玭，法号自超，祖籍福建永福县（今漳平市永福镇）仁义里下姑保，宋隆兴二年（1164 年）十二月初四生于德化县上涌莹格墩。12 岁出家南京少平寺为僧，师承天石崧和尚，三年后遵师嘱"龙起西方，遇水兴波，遇湖则止"，遂遍历名山。忽一日梦异人导往德化龙湖山，见古木流泉非凡境，于是在龙湖山选址建寺，广行施济。嘉泰二年（1202年）十二月初四，修成正果，坐化于龙湖山（坐化台现存），时年39岁。后人塑像奉祀，尊崇为"临济正宗，龙湖法派，万代碧天——卓锡开基碧水三代祖师"。

龙湖寺由三代祖师创建于宋庆元四年（1198年）。三代祖师坐化后，承钵天衣法善和尚及法性、法宝和尚，在善信陈惠佐、章元嘉支持下，弘恢基址，盖造殿堂。至宋德祐元年（1275年）两殿俱立，香火兴旺。明嘉靖十四年（1535年）毁于火灾，一度衰落。几年后，尊美村（现美湖村）人林正旺施田舍山募众重建。此后，经过世代四邻各村民众艰苦创业，寺庙逐渐扩大，拥有寺堂三殿（即金刚堂、释迦堂、祖师堂）及门亭、僧舍、翰墨楼、香客房、膳房等，规模宏大，殿堂辉煌，香火再度昌盛。

三代祖师在台湾各地信徒众多，建庙奉祀有台北县树林镇宝宁宫、台北县平溪乡顺安宫、嘉义市鹿草乡龙湖宫、台南县善化镇小新里祖师庙、屏东县新园乡福隆宫、屏东县九如乡清水宫六处，每年各地轮流做东，聚会一次。虽然各庙宇香火兴旺，但其信徒却不知三代祖师的来源。1993年台湾嘉义龙湖宫林逸民先生到安溪县赤岭寻访祖地时，见当地民众亦多奉祀三代祖师，至1994年春终于在德化县美湖乡上漈村龙湖山金碧峰上，依清光绪十年（1884年）所遗三代祖师碑记文所载，得知龙湖寺为三代祖师之发祥地。1995年11月，台湾地区三代祖师联谊会拜香团一行21人登临龙湖寺，参拜三代祖师及观摩坐化台、佛墓等遗迹。龙湖寺为台湾三代祖师诸庙的发源地得到确认。1996年1月9日，举行了龙湖寺重建奠基。2月6日，台湾《中国时报》以"三代祖师牵线两岸宗教交流"为题，进行了专门报道。

第四节　大德禅师

大德禅师为北宋名将杨业第五子，俗名杨延德。杨业，一名继业，曾为北汉节度使。北汉亡，归宋，为右领军卫大将军，率数子威镇边境，屡败契丹。第五子杨延德，胆略过人，嫉恶如仇，时人称之杨五郎，及年长，乃随父从军，以骁勇善战，名震三军。自朔州一战，父兄战死疆场，延德看到朝纲不振，奸佞当道，心灰意冷之下，在一座古寺削发出家。当小弟六郎杨延昭之媳穆桂英为破辽人天门阵时，他毅然率领徒弟前去助阵，再次立功沙场。后人感念杨五郎之忠义，立庙奉祀，称"大德禅师"。

泉州后城祖师宫主祀杨五郎，据说该宫元宵和七夕听香灵响卓著，名闻遐迩。

1. 安溪时思宫

时思宫坐落于安溪县大坪乡大坪圩东乌锥林脚，供奉大德禅师，始建于明正德六年（1511 年），清同治三年（1864 年）重修，1932 年重建。庙为三层楼石木结构，一厅两室，帝殿式建筑，三楼正中供奉大德禅师神像。宫中现存清代举人高选锋撰联："雄师镇边关，辽元破胆；解甲归释寺，衣钵禅心"；"时七子救驾，万古精忠褒大德；思五合进香，千秋威武仰禅师"。

相传大坪高氏先祖母杨氏自幼体弱多病，常祀奉杨六使（应为大德禅师杨五郎之误）铜佛，以求却病身安。杨氏出嫁时，将铜佛随身带到高家供奉，自此被大坪高氏奉为祖佛，尊为"祖使公"。台北万华高氏大宗祠有时思宫分炉。①

---

①　参见凌文斌主编：《安溪寺庙大观》，海风出版社 2007 年版，第 184 页。

2. 漳州龙文龙进堂

龙进堂在龙文区朝阳镇朝阳村内，为杨氏子孙拜谒大德禅师杨延德的村庙。庙二进，中有天井，两庑廊，正殿面阔三间，进深三间，开边门通护廊。庙坐西南朝东北，悬山顶，前有埕及一口大池塘，旁有数百年的老榕树。庙系砖木结构，有大石柱十支，无联无碑记，始建年代据传为明朝，但庙史记载失传。庙内文物有两件：石香炉一只，刻于明隆庆六年（1572 年）；石寿金炉一只，无纪年，似明代之物。而今庙内正殿中间供奉三宝佛和大德禅师，左间供奉伽蓝大王，右间供奉柑王公等。正殿左右两壁分别画广目天王、增长天王、多闻天王、持国天王及其他菩萨画像，两廊壁和前殿两壁有百幅连环式壁画。农历九月初四日为禅师生日，俗例朝拜。

第五节　法主公

张圣君，又称张圣者，号慈观（或作自观），道教闾山派道士，民间尊称为"张公圣君"，俗称"张公法主"、"张法主公"、"都天圣君"，明正德皇帝敕封"法主"神号。

传说南宋乾道四年（1168 年），张慈观在德化蕉溪石鼓岩练性，遥见石牛山顶魑魔作祟，强抢民女成亲，遂驾云以往，与五通鬼斗法。群魔力怯，佯败诱法师入鬼索阵，拘之于石壶洞，洞口用柴火粗糠燎烧七昼夜，致法师发散脸黑。法师念咒示知萧明、章敏二道师前来助战。萧道人发力槌撞洞门，用力过猛，不仅撞碎石门，也碰坏师兄额头，羞愧脸红。章道人见鬼怪逞凶，师弟蓬头散发，额头碰破，怒发冲冠，气得脸色发青。遂有黑脸、红脸、青脸三法师面世。三法师合力，终于制服由螃蟹精变化而成的五通鬼，并用通天网尽收蛇精树怪。

三法师伏妖后，见石牛山气势恢宏，遂将石牛山定为身后福地，相约日后功德圆满，当聚首石牛。

南宋淳熙九年（1183年），章敏在石壶洞羽化。次年，张慈观在石牛山麓的九龙潭羽化。淳熙十五年，萧明在南平茫荡山萧公洞羽化。石牛山麓各乡里的信士，为缅怀三圣君的恩泽，遂鸠工庀材始建石壶洞宇，同时与张公生前仙游好友郑思通、永春蓬壶林药师、德化僧人陈正悟共塑张、萧、章三圣君金身，同祀于石壶洞。各乡信士虔诚叩拜，香火日益兴盛。南宋嘉泰壬戌科进士黄龟朋曾撰联"破洞伏魔开福地，传经度法保生灵"挂于洞宇中。后因洞深渺然，僧寮附焉，遂请石匠开片石砌墙，隔为两洞，左边为三圣君大祠厅，右边供道徒、香客住宿，并置三个铁香炉供信徒奉祀香火。张圣君的香火亦传播闽中、闽南、闽北各地。

明正统年间，石壶殿宇遭火，坛场毁坏。信众依洞奉祀三圣君神位，同时在洞边架设道屋僧舍，供僧、道和香客权充宿所。后因倭患，地方不靖，人民生活困苦，殿宇未能全面鼎建复新，但到石壶洞顶礼膜拜三圣君者仍然众多，其香烟缭绕不停。

明崇祯十三年（1640年），美山堂中舍房黄尧英召集各乡信士研讨兴建石壶殿事宜，确定重建石壶殿新址于湖地（即石壶祖殿今址），并重塑三圣君金身。同年十一月十八日，张、萧、章三圣君的神像进殿并设醮开眼，供信众奉祀香火。

清康熙二十三年（1684），石壶祖殿住持圆原募建下殿及两廊书院，殿宇建筑比前宏敞。此后，石壶祖殿虽屡遭损毁，但信众热情不减，多次重建。1988年，石壶祖殿被列为德化县文物保护单位。

石壶祖殿是闽台两地的道教圣地，莆田、仙游、永泰、永春、安溪、台湾等地有其分香。其在台湾省的分炉如下：

表 4-2 石壶祖殿台湾分炉统计

宫庙名称	庙　址
顺天护国宫	台北市桃源县八德乡
天文宫	竹南镇新南里七邻
西峰堂	云林镇二仑乡港后村
张法主宫	云林镇二仑乡港后村
振兴宫	云林县刺桐乡义和村三和路 27 号
玉树宫	云林县刺桐乡树仔脚兴贵村兴北路 39 号
顺安宫	斗六市虎溪里文星路 20 号
慈光宫	斗六市中山路 320 号
城隍庙	斗六市中华路 318 号
咸灵宫	斗六市中华路 318 号
法主宫	埔里镇清新里新生路 19 号
九龙宫	彭化县福兴
游明宫	台中县大雅乡西宝村中正路 21 号
玄天宫	彰化县大城乡鱼寮上山村鱼寮路 27 号
法主坛	台中县大安乡南庄村 83 号
明圣宫	高雄县林园乡溪州村溪州一路 48 号
法师宫	社中村
文法宫	
法主公坛	永靖村永南路 22 号
快官法主庙	台北市忠孝顺天府彰化
无极圣宫	台北市北投区十八份
法主公庙	台北市北投区十八份
晋安宫	苏澳镇
法主公本堂	
贤圣殿	屏东县
顺天理千岁府	台北市

续表

宫庙名称	庙　址
三圣宫	
指南宫	
清圣宫	台北市景美
再兴宫	台北市宜兰县员山乡
王圣宫	台中大甲顶店
法主公庙	台北市南京西路
法主公佛祖本堂	苗栗县苑里镇
法主张柳神将会	台北
天安宫	台北
陈为政宫	
三奶夫人庙	

第六节　九鲤仙祖

闽南仙人崇拜习俗由来已久。泉州有裴仙人信仰，仙游有九鲤仙祖信仰。九鲤仙祖，也称九鲤仙公、何氏九仙。相传他们为何氏九兄弟，汉武帝时人。其父官居太守，为淮南王刘安部属。何氏兄弟因担心其父参与淮南王刘安谋反会殃及自身，相偕出逃入闽。初隐居闽县九仙山（今福州于山，亦称九日山），继往福清石竹山、白云清洞等处。后至莆田境，伐枫架亭而居，四出采药炼丹，济世救人，其地后称枫亭。因采药见一洞天福地，即今仙游九鲤湖，遂隐居修炼。丹成得道，何氏九兄弟乘湖中九鲤升仙。人们就地建庙，塑九仙神像奉祀。

仙游县因何氏九仙游历而得名，九仙"仙迹"也最多，如留仙山、何岩、仙岭、将军井、仙水桥等，均与九仙传说有关。何氏九仙不但成为民众祈福禳灾的对象，而且成为百姓祈梦示兆的神仙。源于唐朝、兴于宋代的九仙祈梦文化也由此盛行，"九鲤祈梦，海内咸知"。

九仙传说在闽南广为流传，九仙胜迹遍布闽南。德化、漳平、东山等处均有九仙山，闽南各地多有奉祀九仙庙宇，如泉州马甲仙公山、惠安一片瓦、厦门醉仙岩、南靖鹅仙洞等。南安来殊山有九鲤仙祠，"明万历中，仙见梦乡人欲居此，故建"①。

1. 泉州马甲仙公山

泉州市区北郊马甲镇双髻山，因双峰相向对峙，远眺如古时妇女头上盘扎的双髻，故名。南北朝齐时，因祀何氏九仙，得名"仙公山"，俗称"大仙公"（有别于南安天心洞"小仙公"）。山上有洞，祀何氏九仙，称"双髻寺"，俗称"仙公寺"。据万历《泉州府志》载，"每水旱，乡人祷之，其年遂丰"，此山也称"丰山"。

仙公山上有宋朱熹、王十朋摩崖石刻和明张瑞图《禅鸡冢碑》，近代高僧弘一法师也曾留迹仙公山。

2. 惠安山腰青狮洞

青狮洞位于惠安县山腰镇（今属泉州市泉港区前黄镇）坝头坑内山之巅，山上有巨石状若青狮半卧，故名。青狮洞内神龛依石而垒，奉祀九仙真人，始建于清康熙年间。洞口有"青狮洞"鎏金大字及"狮卧青石上，洞内居真人"石刻。相传，汉临川何氏九子于山中炼丹，丹成后乘九鲤升仙，后人立庙祀之。明初，何氏九仙云游至坑内山青狮洞，寄居洞中，现存"仙脚迹"石碑一方。清康熙年间，连妹仔发现这一青狮洞，并在旁边修盖德源堂，乞梦、圆梦者纷至沓来。现由连家后人住持青狮洞德源堂。

3. 南靖九鲤飞真寺

九鲤飞真寺位于南靖县金山镇鹅髻山，俗称"鹅仙洞"。乾

---

① 乾隆《泉州府志》卷十六《坛庙寺观》。

隆《南靖县志》载：宋庆历年间，金山人郑光跋山涉水到仙游九鲤湖进香祈梦，梦见九位仙人告诉他："早闻金山鹅峰胜地，今年九月初九日我们将结伴前去游览。"九月初九，果然有九只仙鹤飞临鹅仙洞上空。郑光感悟九鲤仙人显灵，游说乡人集资建庙，供奉九鲤湖九仙和范公圣侯神像。"郑公飞瓦建庙"传说流传至今。

南宋绍熙五年（1194年），朱熹知漳州，于九鲤飞真寺左上侧倡建书院。传说明成化二年（1466年），江西吉安永丰人罗伦晋京赶考前，特意到鹅仙洞祈梦，果然如愿高中状元。于是捐修从山脚到庙宇共3800多坎的石径，人称"罗伦古道"。明代，平和县芦溪秀才陈扬美上鹅仙洞拜谒九仙祖，求得仙梦中举，后任大理寺正卿，特地返乡建鹅仙洞半山亭。

4. 东山九仙顶

九仙顶又称"九仙岩"，坐落于东山岛铜陵镇北部海滨。明洪武二十年（1387年），江夏侯周德兴至闽南沿海筑城备倭，建铜山守御千户所城，设铜山水寨署于九仙岩北麓。调兴化府莆禧所官兵入戍，并允携眷。兴化戍兵将故乡九鲤湖仙公神灵分香奉祀于水寨石室，并将岩洞前巨石雕成游天神鲤。

第七节　陈抟老祖

泉州北门有大、小两个希夷宫，是为祀奉陈抟老祖而建的。

陈抟，字图南，自号扶摇子，五代宋初著名道士。《宋史》载，陈抟于后唐长兴中举进士不第，遂绝意官场，隐居于武当山。据传其服气、辟谷二十余年，但日饮酒数杯，后又遁迹华山。久经修炼，道行高超，能知未来过去，又因其所言多验，益使退迩奉服，比之于活神仙。相传宋太宗常召其询问国家大事，答多不虚，于是赐号为"希夷先生"，盖取老子《道德经》"视之不见名曰夷，听之不闻名曰希"，意为陈抟道行之高，已经进入老子所谓无视无听力之境界了。陈抟著有《无极图》、《先天图》、《指玄篇》等，汇通三教，力主三教合一，后启宋明理学。道教中称为陈抟老祖。

陈抟卒后，宋廷为其建宫、建亭立碑，各地闻风响应，仙坛遍布全国。泉州人也在原城北朝天门外右侧建立一座希夷宫，来祀奉这位道行高超的道士。初建时，规模甚小，难以容纳众多香客进宫礼拜，香火不旺。元末，另于城北地势高旷之地建筑规模较大的新宫，仍名希夷宫。因原先小庙不忍拆毁，人们遂按庙的大小称之为大希夷宫和小希夷宫。

第五章

忠义圣贤信仰

《礼记·祭法》载："法施于民则祀之，以死勤事则祀之，以劳定国则祀之，御灾捍患则祀之。"闽南尤其是泉州，素有"海滨邹鲁"的美誉，儒家忠孝节义观念深入民心。因此，闽南民间多有各种奉祀忠孝节义圣贤的宫庙。

第一节　炎黄二帝

炎帝即神农氏，他发明耒耜等农具，教民稼穑饲养、制陶纺织及使用火，功绩显赫，以火德王，故称炎帝，世号神农，后世尊为农业之神，是农耕和医药的发明者。黄帝，号轩辕氏、有熊氏，有土德之瑞，土色黄，故称黄帝。相传黄帝有许多创造发明，如养蚕、舟车、文字、音律、算数、医学等。

1. 同安金柄介谷殿

介谷殿位于同安新圩镇金柄村（今属厦门市翔安区）。据黄文炤明万历十年（1582年）冬所作《重兴介谷殿碑记》：介谷殿始建于宋太平兴国六年（981年），奉五谷仙帝，世称神农炎帝。明隆庆三年（1569年）介谷殿毁于洪水，万历九年（1581年），择地构筑，翌年告竣。[①] 1999 年农历六月重建，称炎帝殿，现存五谷仙帝金身，系用上等沉香黑檀木制成。

2. 同安汀溪宝应殿

宝应殿俗称"五谷仙帝庙"，位于同安汀溪镇茬畬村西 300 米的农田中。因宫殿屋顶呈八角，形似八卦，又名"八卦殿"。始建于宋元，清代重修。庙坐东朝西，面阔三间，进深五柱，前有檐廊及中门。檐廊左右为泥塑龙虎壁，门上悬"宝应殿"匾，殿内四根对称圆形石柱支撑八角形木构梁架，正中屋顶为八角形藻井天花，绘有八卦纹，北侧梁架上悬清光绪二十六年（1900 年）《五谷先帝宝应殿二十八宿宝应谶诗》木匾。屋顶为双层，下层为四面坡瓦楞屋檐，上层为八角攒尖葫芦顶，绿色琉璃筒瓦，双层屋面之间正面夹檐有彩绘泥塑人物图案。2010 年翻修屋顶和四面墙体，基本保持原貌，仍保留原有木构梁架及明清时期石柱、门臼等石构件及石构墙基、墙裙等。殿前散落有宋明风格的覆盆式石柱础。大多数民间供奉的五谷先帝都是手握稻穗或其他五谷，而茬畬宝应殿的五谷仙帝手握利剑，可能与这个村庄位于内山，村民以前经常打猎有关。此庙无论从建筑形式、历史演变或信奉神祇，均具有较高的文物研究价值。

3. 厦门仓里昭惠宫

昭惠宫位于曾厝垵村仓里社（今属思明区滨海街道）。庙坐北朝南，一殿带前楹，三开间，进深二间。主祀黄圣帝（黄帝）和关帝，附祀天上圣母和注生娘娘。昭惠宫正门石柱镌刻清道光十三年（1833 年）里人凌瀚撰书楹联："徇齐敦敏聪敏懋钟圣德，宫室舟车黻冕利赖民生。"殿内点金柱联："得宝鼎以承天六术定气，合神符而御宇万姓奠居。"可见当初主祀黄帝，关帝为后来

---

① 何丙仲编纂：《厦门碑志汇编》，中国广播电视出版社 2004 年版，第 333 页。

寄祀。

4. 长泰江都玉珠庵

玉珠庵位于枋洋镇江都村，始建于明代，主祀神农教主和三代祖师。庵占地面积 300 平方米，坐西向东，由门厅、天井、正堂、两廊组成。门厅面阔三间，进深二间，有前廊。正殿面阔五间，进深三间，悬山顶，前后廊式。临近的枋洋镇上洋村镇美宫，自元朝至正年间始一直供奉神农氏，每逢家有喜事，村民便把神农氏请回家。

古时敬文惜字，常在学校、书院、文昌祠宫庙前建敬文亭（或称惜字亭、敬圣亭、敬字亭、文笔亭等）。玉珠庵正殿后壁至今完好保存咸丰十年（1860 年）台北庠生连日春所撰墨笔草书《募建敬圣亭小引》。连日春中举后，特地回江都连氏祖祠瞻依堂挂匾竖旗杆石。

5. 华安半山石龙宫

石龙宫在华安良村半山村，始建于明代。石龙宫坐西朝东，面积 15 平方米，乃依天然山石洞构筑，以条石造三开间仿木宫门于洞口。祀盘古、神农，现存木雕神像系明雕，盘古居左，裸上体，左手举日，右手举月；神农居右，亦裸上体，稻穗围腰，右手举剑，左手食指举于胸前。

位于华安县湖林乡石井村西南的四宝祖殿，俗称"教主殿"，供奉"神农古帝"、"三显真仙"等六位神仙。

第二节　关圣帝君

关圣帝君又称关帝、帝君爷、关老爷、关公等。泉州旧时七城门头都建有关帝庙，如北门北帝庙（约所关帝宫）、临漳门（新门）关帝庙、西门西街义诚庙、东门关帝庙、南门关帝庙、南薰门（水门）三义庙、通淮门（涂门）关帝庙等。

1. 泉州通淮关岳庙

通淮关岳庙坐落在泉州市鲤城区涂门街（古称通淮街）东段北沿，原先主祀三国蜀将关羽，曾称关王庙、关帝庙，1914年增祀南宋抗金元帅岳飞后称为关岳庙，但民间仍称关帝庙。该庙一直是泉州地区规格最高、规模最大、建筑最为堂皇壮观的关帝庙，也是泉州地区香火最旺盛、在海内外影响最大的寺庙。

通淮关岳庙始建无考，相传为全国最早兴建的三座关帝庙之一，有说始建于五代南唐，也有说始建于宋代。乾隆《泉州府志》载："明嘉靖间，长史李一德重修。"可见，早在明嘉靖以前，这座庙就已出现在泉州的通淮街上了。

根据记载，通淮关岳庙自明朝嘉靖年间长史李一德重修后至民国期间又重修、重建或扩建七次。现存的建筑系清同治六年（1867年）重建和1927年重修，1986～1990年又加以全面整修的。

通淮关岳庙坐北朝南，由关岳庙、崇先殿、三义庙三座殿堂组成。其前原建有礼乐亭，清光绪年间被改为立成小学，"文化大革命"中已毁。三座殿堂原错落不齐，20世纪80年代进行全面整修，并以中座关岳庙为准，将右座的三义庙退后，左座的崇先殿移前，使之整齐排列，连成一体。其规模之大在泉州地区的关帝庙中是无可比拟的，甚至在全省的关帝庙中也是居于前茅。

现通淮关岳庙，三座殿堂并排，连成一体，均为三进三开间、硬山顶、燕尾脊，穿斗式木构架，其山墙略向外移，作马鞍式；后进为三层楼，东西两侧又各建一座角亭。整座建筑还装饰有精美的木雕、石雕、泥塑，而且屋脊上有双龙戏火珠或双龙对葫芦的瓷塑。在悬挂的十多方大木匾中，有两方特别引人注目：一是南宋理学家朱熹题写的"正气"匾，一是明代书法家张瑞图题写的"充塞天地"匾。

通淮关岳庙大殿称武成殿，主祀关帝、岳飞，下殿配祀马军爷。左侧崇先殿，崇祀关帝曾祖光昭公、祖裕昌公、父成忠公，原设木牌神主，1990年改为泥塑神像。右侧三义庙，崇祀昭烈帝刘备、汉寿亭侯关羽、西乡侯张飞，左配祀武乡侯诸葛亮，右配祀顺平侯赵子龙。从泉州地区的关帝庙来看，该庙所崇祀之神系列是最完整、最纯净。

关羽死后，追谥壮缪侯，宋以后全国普建关羽庙，累受封号。《三国演义》将其描绘为勇武和忠义的化身，更使他名声大振，成为"古今第一将"，在民间产生深远影响。由于关羽的地位无比显赫，不但成为民间供奉的神明，而且成为国家祭祀的高级神祇，佛、道二教也争相把关羽拉进教门，以壮声势。于是，关羽成为儒、道、释三教共同尊崇的"超级偶像"，这在我国民间神祇中是独一无二的。

通淮关岳庙在明嘉靖前仅是座一般的民间信仰庙宇，但自嘉靖年间重修后开始变为儒教庙宇（仍属于民间信仰的范畴）。马书田先生在《华夏诸神》一书中写到："明清时代，关羽极显，有'武王'、'武圣人'之尊，俨然与'文王'、'文圣人'并肩而立。"泉州自宋以来就有"海滨邹鲁"之誉，理学兴盛，科举发达，明嘉靖以降，理学大兴，科举之风更盛。而这一时期开始，泉州又屡遭倭寇侵扰，且其他战乱不断。于是，在封建帝王们的大力推崇下，泉州对"具有司命禄，佑科举，治病除灾，驱邪辟恶，诛罚叛逆，巡察冥司，乃至招财进宝，庇护商贾等'全能'法力"的关羽之崇拜就从嘉靖年间开始盛行起来，至万历年间掀起了热潮，之后一直久盛不衰。据李光缙《关帝庙记》，通淮关帝庙位于儒林里，即"孔氏宫之左"（府文庙东南）。它对泉州士人（缙绅学士和地方文武官员）最有吸引力，由一般性民间信仰庙宇变为儒教庙宇，成为泉州规格最高的关帝庙。

《关帝庙记》载："今天下祠汉寿亭侯者，遍郡国而是，其在吾泉建宫，毋虑百数，独我儒林里中庙貌为胜。……上自监司守令，居是邦者，迨郡缙绅学士、红女婴孺，无不人人奔走，祷靡不应，应靡不神。"明代泉州没有武庙，嘉靖之后官府按国家祀典在通淮关帝庙举行春秋之祭。清同治六年（1867年）《重修泉郡通淮庙捐启》："帝像之始，稽之志乘，当在嘉靖至天启百年间迄于今日。其间握军符、膺疆寄及监司守令，春秋祭祀，练时日，恭整肃穆，趋跄奔走。"

清代泉州虽建有武庙，但按朝廷规定的"秩祀之典"也基本上是在通淮关帝庙举行。清乾隆《晋江县志》记载："关帝之祭，庙在府治惠义铺（即通淮街）……清顺治九年，敕封忠义神武关圣大帝，岁春秋仲月颁行吉日及五月十三日致祭。"清道光《晋江县志》又记载说："（武庙）在萼辉铺提督署之左，前系提督东教场。康熙二十七年提帅张云翼建，称武庙。朔望行香，春秋致祭，而秩祀之典尚在涂门街庙。至嘉庆间，提帅颜（鸣汉）、城守英（林）始移秩祀之祭于此庙（即武庙）。"可是，不久又移回通淮关帝庙。

1914年，通淮关帝庙遵照北洋政府之命增祀岳飞，改名"关岳庙"，遂正式成为纳入国家祀典的武庙，每年春秋分"节气后第一戊日"由地方行政长官亲诣敬祭，"祭之日陈设祭品，行礼仪节，均与京师遣祭礼同"。

台湾现有关帝庙300余座，其中不少是泉州通淮关岳庙的分灵或再分灵，有的所供奉的神像甚至是直接从该庙恭请去的。据《台湾风物志》记载："台南另一大关帝庙也在中区，据传是台湾最古老的关帝庙，建于明永历二十三年，故称为'开基武庙'，资格比祀典武庙老，其神像是由福建泉州涂门街关帝爷中恭请来奉祀的。"台湾云林县保长湖保安宫《简介》说，该宫由泉州府移民建造于清康熙三十六年（1697年），"所奉祀之山西夫子关圣帝君正驾，乃当时由唐山福建泉州涂门街关圣帝庙所雕刻分灵，迎请来台之神尊也，距今已近三百多年之历史矣！"1990年4月，该宫曾组团来泉州通淮祖庙进香朝圣，其管理委员会主任委员李金秋先生还敬献"气壮嵩高"匾。1991 年 5 月 27 日，泉州通淮关岳庙举行重修落成庆典时，清康熙三十六年（1697 年）分香的台湾云林四湖得安宫特地组团前来祖庙庆贺。2000 年 2 月 28 日，台湾台中沙鹿天九灵修道院一行 30 多人到泉州通淮关岳庙进香，手捧关夫子像过炉。

泉州通淮关岳庙三义殿东墙砌有一方黑页岩《示禁戏演关圣夫子碑》，记载的是台湾彰化生员林光夏借关帝显灵，告诫人们切勿名以敬关帝，实为戏侮关帝。强调"速将吾谕言，贴文衡殿通晓"。事情发生于台湾台南：嘉庆二十一年（1816 年）六月初七日下午，台南关帝宫后街鼎行演唱梨园戏，扮演关圣夫子者手执木剑乱砍扮演鲁肃者。林光夏见此，认为有侮圣人而不妥当，但又无力制止。嘉庆二十四年，他特地来到泉州通淮关帝庙，借关圣夫子附乩说法，发禁令要求关帝信徒切勿以敬关圣夫子为名，时而戏侮关圣夫子。故刻石砌于"文衡殿通晓"。本碑文反映了泉州通淮关帝庙与台湾关帝信仰民俗的源流关系。

林光夏之所以对上演关帝戏剧表示反感，是有历史原因的。徐珂《清稗类钞》记："优人演剧，每多亵渎圣贤，圣祖颁诏：禁止妆孔子及诸贤。至雍正丁未，世宗则并禁演关羽。"这方小小碑刻中所记载的演戏事件，反映了闽台理学思想的继承和延续。

2. 晋江金井崇义庙

崇义庙依山而筑，有山门、大埕、两廊、大殿，庙宇宏敞。据庙前清光绪二十七年（1901 年）《新建崇义庙碑》记载，该庙源于清雍正五年（1727 年）创建的台湾凤山关帝庙。清末，凤山关帝信仰由晋江沙堤王姓带回泉州，于光绪三年（1887 年）由沙堤再分炉金井。这是首次发现关帝信仰由台湾回传的现象，表明海峡两岸中华民族传统文化之同根同源。

3. 漳州浦头关帝庙

浦头关帝庙又称"崇福宫"、"浦头大庙",位于芗城区港口街道浦头港北侧,始建于宋淳熙十四年(1187年)。崇福宫坐北朝南,前有庙埕,悬山琉璃顶燕尾翘脊宫殿式建筑,建筑面积518平方米,总占地面积约4500平方米。庙分前廊、主殿和东西两厅,前廊深2.5米,内有蟠龙石柱一对和廊壁横梁枷,门立石狮两只,石雕工艺古典淳朴。前廊正中楣悬挂"乃圣乃神"匾额。二进为主殿,面阔三间,进深二间,石雕龙柱分列左右,主祀关圣帝君木雕神塑,附祀大禹和送子娘娘。东西偏殿祀周仓、伽蓝爷及蓝理提督神像。庙内保存明万历至清道光的碑刻六通,记录有关海船停泊、贸易税收的官府规定和民间公约等。崇福宫为省级文物保护单位。

崇福宫坐落在浦头港边,明中后期,民间客商外出贸易均在此换大海船中转,故有"浦头日集千帆,随潮水涨落而行"之说。来往船主客商为祈求平安,多到宫中参香膜拜,或随带香火出行,祈祷关帝庇护。因此,崇福宫香火鼎盛,成为各地来往客商朝圣之地。崇福宫历史上最兴旺时期,厦门关税行、龙溪县正堂等曾于该庙立碑明示课税规定。清康熙年间,漳州人蓝理、柯彩等结伴投军,后蓝理官至提督。康熙三十四年(1695年),蓝理衣锦还乡,到崇福宫参拜神明,募缘重建,亲题"江汉以濯"匾。另在宫庙前后和东侧添建庙埕、花园、居室,崇福宫焕然一新。

4. 漳州扶摇关帝庙

扶摇关帝庙位于漳州市龙文区郭坑镇扶摇村九龙江边,始建于明万历二十八年(1600年)。扶摇关帝庙坐东北朝西南,前后两进,面阔五间,进深三间,单檐歇山顶,中为天井。庙占地面积约4200平方米,建筑面积452平方米。庙内石碑记载了士人杨文望于明天启年间"重塑关帝金身像"及清顺治十五年(1658

年）、光绪十年（1884 年）两次重修。还记载庙前蟠龙石柱系光绪十年重修时，扶摇村台湾杨氏乡亲从台湾捐资定制运回的。扶摇关帝庙为省级文物保护单位。

5. 东山铜陵关帝庙

铜陵关帝庙位于东山铜陵镇岵嵝山，倚山临海，坐西朝东，遥望台湾海峡万顷鲸波。其建筑面积 680 平方米，有门楼、前殿（龙庭）、大院回廊、大殿及花园等。主座面阔三间，进深六间，悬山顶。

门楼为华表楼亭式古艺术建筑，俗称"太子亭"，由六根圆形石柱并二根石梁承托数百香木斗拱构就。每拱一斗九升，叠彩垒金而上。楼亭顶端饰彩瓷剪贴八仙过海、八兽图及唐宋帝王将相造型塑像 120 尊。华表石柱刻"大明正德吴子约敬送"。横梁正面刻"嘉靖壬寅五月吉日前都劝缘子孙重修"。飞檐下前额竖一方镂花鎏金匾，上镌"武圣殿"；后额亦竖一方镂花鎏金匾，上镌明万历年间东山进士文三俊题写的《关圣帝君赞》。太子亭巍峨壮观，精美绝伦，建筑艺术高超，历数百年台风、地震而安然无恙。

前殿经前院登石级而上。门额嵌"山西神圣"石匾；有石刻门联："山岛雾收舒正气，海门日出照精忠。"中门两旁立雕花石鼓，安放雕龙镂凤鎏金皇档。从两侧仪门而进龙庭。庭廊上方悬挂清乾隆年间福康安敬献的关帝颂文匾。两侧嵌墙柱联为："入圣门总要请祈休咎，登帝殿便知明断是非。"

大院回廊左右分别附祀马良、廖化二公并护马二将。左墙《公立关永茂碑记》记载东山百姓"共尊关圣帝君为祖"，立"关永茂"为总户主姓名，终于康熙五十二年（1713 年）正式入登清朝户籍事。右墙同治九年（1870）《重修武庙碑记》，记载包括台湾安平、鹿港、澎湖等地士庶商绅在内的各界信众捐资重修关帝圣庙芳名。

大殿正中供奉关圣帝君神像，两边奉立周仓、关平、赵累、王甫四将雕像。上悬清咸丰帝御笔"万世人极"鎏金匾，左右悬挂黄道周所书楹联："数定三分扶炎汉平吴削魏辛苦倍常未了一生事业，志存一统佐熙明降魔伏虏威灵丕振只完当日精忠。"

大殿右侧神龛奉祀忠勇侯周仓。相传南宋亡于粤海崖山，丞相陆秀夫魂游东山，见岛上建关帝庙，便投灵于关帝神像。宋帝昺亦魂游至此，意欲投灵，无奈陆秀夫已先入为主，帝昺只得屈尊为臣，附灵周仓神像。东山百姓故另造一龛奉祀周仓，免其持刀侍立，并配宝马代步，独开古今庙祀中臣主君次平起平坐，君臣易位共享民间香火之别例。

早在宋时，东山岛上已有铺兵奉祀关公。铜陵关帝庙始建于明初，明正德十一年（1516年）《鼎建铜城关王庙记》云：洪武二十年（1387年），"城铜山，以防倭寇，刻像祀之，以护官兵"。当时只是一座单开间的简陋小庙，后漳州开元寺南少林高僧圆球和尚（号月堂）游方至此，"仰观帝庙之福地，声灵必震于千年"，遂募善缘，策划重建。正德三年（1508），来东山避寇的云霄人吴子约与铜陵善士黄宗继等九人在原庙左之空地上鸠工兴建，至正德七年二月初二日完工，遂成"龙盘虎踞"，"纵袤百二十尺，横广五十一尺"之规模。嘉靖二十一年（1542年）重修。因清廷迁界，庙被焚毁，住持僧大陆和尚负圣像入云霄。康熙十九年（1680年）复界，迎圣像回东山，于旧殿基址盖茅为屋，以安圣像。后由总兵黄镐主持在原址按原样兴筑，翌年落成。

东山百姓自古奉铜陵关帝庙为圣庙祖庙，称关帝为"帝祖"，自认为关帝裔孙，对关帝至崇至敬无以复加，世所罕见。这主要缘于《公立关永茂碑记》所载之事。明末清初，东山一直是郑成功辖地，清廷敌视东山岛民为"奸逆"。康熙三年（1664年），清兵攻入东山，杀万余人，逼逐三万余人迁入内地，至康熙十九年复界，百姓归来者十仅二三。清廷统一台湾后，仍长期不予东山百姓入归户籍正册。传说关帝闻讯，策马前往漳浦，与县令陈汝咸辩诉，县令答应启奏康熙帝。关帝并托梦岛上各大姓族长到庙会商，恩允全岛百姓为其后嗣裔孙，"分为七房"，"叔伯甥舅彼此手足"，共立"关永茂"为户主姓名，重新呈请入籍。仰关帝殊恩，东山百姓终于康熙五十二年被批准登入正册，成为"有籍之人"，减轻税赋徭役。因此，从入籍之日起，东山百姓家家户户悬挂关帝神像，敬奉"帝祖"，世设家祭，每日晨昏焚香礼拜，并于每年五月十三日、六月二十四日晋庙谒祖，举行隆重祀典，献演连棚大戏祝嘏，此礼俗至今不改。[①]

　　明清时期，铜陵关帝庙的香火便传入澎湖、台湾，成为台澎众多关帝庙的香缘祖庙。1990 年 7 月，台湾省宗教咨询委员会委员李炳南和台南学甲慈济宫董事长周大围亲临东山考察。当他们在铜陵关帝庙看到黄道周撰写的楹联真迹，恍然大悟道："台湾关帝信仰文化正源于此"。"东山铜陵关帝庙是台湾关帝信仰的发祥地"。因为"台湾诸多关帝庙都悬挂此楹联，但不知出于何人所撰，现在迷可解开了，找到了这个根"。8 月 27 日，台湾寺庙整编委员会秘书长黄志贤率领台中圣寿殿、高雄关帝庙、台南山西宫、池上玉清宫、花莲圣天宫、台中慈德堂等 11 个宫庙的代表，到东山举行两岸关帝信仰文化交流筹备联席会。此后，台湾各地关帝庙纷纷组团莅临铜陵关帝庙谒祖进香。1990 年 11 月，桃园大溪普济堂等 7 个庙宇 126 人，抬着蒋经国的祖母所崇祀的关帝铜像前来挂香过炉。1991 年 4 月，宜兰礁溪协天庙主委吴朝煌、常务监事吴慕智组织台湾北部在协天庙挂香的信徒 476 人光临祖庙，隆重举行祝嘏祭奠，同时恭迎关夫子圣像赴台绕境。台中圣寿殿主委张子清年年率领全宫信士前来祖庙进香，并与宜兰

---

　　① 参见陈汉波：《东山与台湾关帝信仰文化缘系小考》，见《东山文史资料》第 10 辑，1992 年。

礁溪协天庙共同倡议在古时迎奉关帝赴台崇祀的故址西门澳建设朝圣楼，得到台湾各地关帝庙的热烈响应。

6. 云霄顶关帝庙

顶关帝庙亦称"协天大帝庙"，位于云陵镇大园街红旗路，坐西向东，面向漳江。始建于明嘉靖年间，主祀关圣帝君及关平、周仓，配祀五谷神王、笔少爷、福德正神等。此地曾发生两次火灾，被称为"火烧街"，美称"和宵街"，关帝庙亦称"火烧关帝庙"。

清乾隆十六年（1751 年），顶关帝庙毁于前街失火。乾隆三十七年，关帝庙复毁于火。乾隆五十五年修建，增置左庑。同治三年（1864 年）太平军余部攻占云霄厅城，庙再次毁于兵火。光绪六年（1880 年）重建。

庙二进一殿，左右护庑，中辟天井。占地宽 17.2 米，深 15.7 米，建筑面积 270 平方米。面阔三间，进深三间，抬梁式木石结构，硬山式三山形屋顶。殿内立梭形石质圆金柱 4 根，下覆圆鼓形柱础。内外金柱间的五架梁上，分别装饰两件瓜柱，上承三架梁，三架梁上装饰脊瓜柱支撑脊檩。大殿两侧前檐柱与外金柱间的穿插枋上，安置木雕狮子驼墩各两件支撑抱头梁。

殿前外金柱间的前枋梁上，悬明代金字木匾，题刻楷书"敕封三天总制监察西天诸佛兼管什殿阎罗伏魔大帝神威远震天尊关圣帝君。天启四年□月置"。前檐柱间横枋悬挂"协天大帝"横匾。门厅为凹寿式三齐门，折角另配二耳门，正门额悬"武圣殿"匾，边框透雕双龙戏珠。侧门各嵌"义扶汉鼎"、"道法麟经"石匾。庙前巷左侧配置塔式银炉亭一座。

7. 云霄下港关帝庙

下港关帝庙又称"霞港武庙"，址在云陵镇下港街照明路，过庙前街与佛寺衍庆亭相望。始建于清康熙元年（1662 年），祀关圣帝君与关平、周仓。

此庙系明万历进士、崇祯工部尚书蔡思充所置学舍旧址，原为蔡氏私黉。清顺治十八年（1661年）郑成功部将蔡禄降清，受总兵职，驻守云霄。清廷迁界，铜陵关帝庙僧侣及士绅奉关帝神像迁避云霄，暂寄下港居民方家，焚香膜拜者络绎不绝。方姓无暇，遂向蔡禄求助。此时下港蔡姓正为修建学堂大兴土木。经蔡禄与族人议定，于康熙元年（1662年）初将神像迎入临近竣工的蔡氏学堂庙祀。康熙统一台湾后，展界开海。据说铜陵关帝庙多次来人交涉，欲迎关帝神像返位，但圣筊显示不愿返回东山。云霄方面只好另雕一座大小一样的神像，让东山信众迎回。

下港关帝庙坐东南朝西北，占地宽14.5米，深21.25米，建筑面积308平方米。二进一殿，三山形悬山顶。大殿面阔三间，进深三间。大殿内立棱形圆点金柱四根，下覆鼓形柱础。殿前居中置卧龟亭连接门厅屋顶。门厅为凹寿式三齐门，两侧配二耳门。正门额竖悬"协天大帝文衡殿"匾，周围雕饰双龙戏珠及兽面须弥底座。侧门楣额各嵌"忠贞贯国"、"义勇凌云"石匾，顶端与中门等高。正门楣上角两端浮雕鱼龙图案及"光前"、"裕后"朱文篆印。大门口分立圆形涡纹抱鼓石一对，外侧饰以圆篆朱文"寿"字绶带。庙殿左壁镶嵌历代修庙碑记六方。庙内关圣帝君乘坐的八抬大轿是弥足珍贵的民间雕刻艺术品。

8. 诏安悬钟关帝庙

悬钟关帝庙位于诏安湾悬钟古城，始建于明洪武十一年（1378年），旧址在现庙址东北方80米处，规模较小，但香火兴旺。明隆庆四年（1570年）迁至现址（即千户所旧址）。相传悬钟关帝神像与东山铜陵关帝神像为同一株樟木所雕。清康熙迁界，时悬钟关帝像内迁至县城西觉寺奉祀，复界后迎神像回悬钟关帝庙奉祀。诏安城乡有数十处关帝庙，其中悬钟关帝庙香火最旺盛。

1980年，诏安城乡善信及华侨捐资修复悬钟关帝庙。庙坐东朝西，由门楼、拜亭、正殿组成，正殿单檐悬山顶，三开间，进深三间，建筑面积约 1500 平方米。

第三节　哪吒公

哪吒，传说乃毗沙门天王（北方天王，俗称"托塔李天王"）三太子。因为哪吒太子神通广大，法力无边，又是专门降伏妖魔鬼怪的吉神，所以深受广大群众喜爱，成为闽南民间信仰中香火最旺的神祇之一。相传神兵分为东、西、南、北、中五营，哪吒为中营主帅，身兼五营总指挥，故闽南民间信仰庙宇一般均奉哪吒为中坛元帅。

乾隆年间，南安石井溪东先民把祖地奉祀的太子爷分香到台湾，作为保护神。1992 年 8 月 1 日，彰化县田中镇大仑里昆仑宫主委卓树枝一行 90 人的进香团返故里李府三太子庙割香。1995 年 7 月 28 日，台中县清水镇田寮里圣贤宫主委吴德清一行 88 人的进香团返祖庙谒祖，迎请太子爷神像回宫供奉。

1. 同安后炉大寮宫

大寮宫位于同安大帽山后炉村（现属厦门市翔安区），面积百余平方米，始建于北宋，主祀哪吒元帅。传说清代有个林姓同安人，年轻时落泊，曾经寄居大寮宫，后炉村某员外见他有志气、能吃苦、有能力，就将女儿许配给他，后来他官至台湾总兵。台湾林姓于是把大寮宫哪吒元帅当作林姓的保护神。大寮宫在台湾有 100 多间分炉，信徒很多。每年都有大量台湾同胞前来寻根谒祖。

2. 同安莲花水柳宫

水柳宫位于同安莲花镇莲花村小溪山近山顶东面山坳溪边。始建年代不详，清代及民国重修，1982 年于原址翻建。水柳宫坐西朝东偏北，单开间花岗岩石构墙体建筑，面宽 3.1 米，进深

3.4米，硬山顶，燕尾脊。宫内后墙以山体岩石为依托，岩石露于室内，形成供台，奉祀哪吒三太子。建筑附近地表散见大量原建筑废圮的砖瓦碎片，并发现宋代青釉碗、钵瓷片。历史上水柳宫香火曾分炉台湾新竹、高雄、台南等地，现每年都有台湾香客前来进香。

3. 顶岱山九龙宫

九龙宫亦称"太子庙"，位于漳州市芗城区芝山顶岱山社。水龙宫约始建于宋末，现存为清代建筑。其占地面积约370平方米，坐东向西，正殿单进单开间，硬山顶燕尾脊，前有轩亭。庙宇祀奉金吒、木吒、哪吒，悬"眷顾诞膺"匾。檐前有二石方柱撑托石水槽，柱联"九州游遍光临净土，龙洞修成灵达玄天"。宫前有卷棚顶拜亭及石坪，宫内现存许多哪吒鼓。石坪前有清光绪四年（1878年）告示碑一通。每年九月初九哪吒神诞，八月初一开坛踏火，九月初八请神，冬至后、十一月初送神。仪式活动期间，抬神求龟（乞龟），敲哪吒鼓表演。

4. 南靖霞寮太子庙

霞寮太子庙俗称"下寮庵"，位于南靖县船场镇西坑霞寮村，主祀哪吒太子。霞寮太子庙分中、左、右三殿，中殿供奉诸佛，左殿供奉哪吒太子、保生大帝，右奉广应圣王，两班奉伽南王、七宝王等。内匾名"隆兴堂"，外匾名"太子庙"。社内各姓居民分为六甲，各推首事负责募款建庙诸事。

霞寮太子庙始建于明代。漳州草坂陈氏分支肇迁南靖船场西坑霞寮埔。因此处地临溪边，春夏雨季山洪暴发，陈氏田庐每遭水灾。明弘治十四年（1501年），陈氏家族始建太子庙于村边，供奉哪吒太子，祈求借其神力制伏蛟洪水患。

明嘉靖八年（1529年），霞寮陈家突遭土豪侵杀，家毁人亡。当时陈家祖妈徐美娘携三岁孙陈法行走亲戚幸免于难。陈妈后携孙重返霞寮，寄居于太子庙内，含辛茹苦，抚养法行长大成家。

法行子应春，发奋创业，家道日丰，成为一方巨富。明天启二年（1622年），76岁的陈应春首倡建立本村各姓共同信奉的社庵，将太子庙与对面旧庵合并，以消除各姓自袒本姓庵庙的矛盾，促进乡土团结和睦。此举得到各姓家长赞同，于是拆除两庙，在太子庙原址扩建新庵。

清康熙年间，霞寮太子庙香火传入台湾，后分传十几个庙宇，成为台岛颇受欢迎的神祇。1989年以来，台湾彰化代天宫太子庙、台北进龙宫、高雄万安堂、桃园山林太子宫、苗栗水兴宫、南投明圣宫、台北广武宫、新竹拱阳堂、仁德乡水明殿、台北新店后仪神宫、嘉义太极圣德殿等庙宇纷纷组成进香团到霞寮太子庙添割香火，参拜太子。不少庙宇从霞寮太子庙请去开光的太子神像，到台湾安奉。

第四节　广应圣王

广应圣王为谢安。谢安，字安石，东晋名士。晋孝武帝时，北方前秦苻坚率兵百万南侵，谢安临危受命，出任尚书仆射。太元八年（383年），令侄谢玄挂帅，与弟谢石带兵八万，淝水一战巧用疑兵之计，以少胜多，打败苻坚，东晋得以安定。谢安逝后，民间感其恩德，立庙塑像敬祀。唐时，陈政、陈元光父子入闽，将谢安香火传入闽南奉祀。漳州多广应圣王庙，或称"广惠尊王庙"、"元帅庙"，达数十座。

1. 龙溪古县广应圣王庙

古县广应圣王庙位于龙海颜厝镇，又名"积苍庙"。庙为南朝梁大同六年（540年）所建龙溪县古县衙，故俗称"古县大庙"。唐代龙溪县治迁漳州，古县衙于贞元二年（786年）改为广应圣王庙。

古县广应圣王庙占地780平方米，建筑面积518平方米，二进，殿堂坐西朝东，中有小天井，呈凹字形套绶式古代衙门府第结构。大门悬挂"鄱山福地"匾额，楹联："古史流芳梁时已建龙溪县，南朝遗迹清代亦称郑公乡。"前殿有乾隆年间石柱对联："优游却壮骑三千一局棋中早已运筹决胜，精锐破雄兵百万八公山上谁不服教畏威。"后殿神龛悬挂乡贤蔡新所书"苍生霖雨"、"东山辅晋"匾。奉祀广应圣王和王公、大妈王氏、二妈胡氏及妈仔等神像。相传清乾隆年间，文华殿大学士蔡新回漳浦省亲，到古县看望女儿、女婿，特地入庙拜谒谢安神像，回朝后奏请追封"广应圣王"。

明清时期，古县郑氏先民移居台湾。清顺治年间，郑成功与清军争夺漳州城，古县是郑军的主要据点。郑成功复台，古县郑氏不少青壮年加入郑军东征，在台南垦田建业，后裔主要分布在台南、高雄等地，他们把祖家广应圣王分香入台奉祀。清代，郑氏后裔常派人回祖地谒祖。目前台湾各地奉祀谢安神像的寺庙有20多座，其中台南有7座，高雄有5座，信徒多祖籍漳州。

2. 漳州顶田霞正顺庙

顶田霞正顺庙在芗城区顶田霞社区，相传建于南宋末年，原称"威灵庙"，匾额尚存，明代更名"正顺祖庙"。二进，悬山顶，屋脊剪瓷雕。由前殿和天井、大殿三部分组成。面阔三间，进深三间，配两廊，坐西向东，左右有居室和院地，殿前庙埕东建戏台，神诞节日演戏酬神。正顺庙占地面积539平方米，建筑面积345.5平方米。大殿悬挂"谢家宝树"匾。主祀广惠圣王谢安（也称"都统圣王"），配祀大妈、二妈，谢府元帅谢玄、谢石。

正顺庙为顶田霞社社庙，香火颇盛，每逢农历十一月廿七日，三月初八日，十月初十日（社庆）都要举行盛大祭典。台南县永康市大湾广护宫曾来拜谒祖庙。

3. 漳州诗浦正顺庙

诗浦正顺庙位于芗城区东南隅诗浦村，主祀广应圣王谢安，附祀玄天上帝。建于明万历年间，清嘉庆、咸丰两次重修扩建，1993年再维修。庙建筑面积196平方米，由前殿、天井、两廊和正殿组成，正殿面阔三间，进深三间，悬山顶。殿中存明代香炉、牌匾及清代石柱楹联等。前殿外墙两角嵌有清康熙三十三年（1694年）"正顺庙"题刻和康熙四十九年（1710年）"永安宫"题刻各一方。其中"永安宫"题刻记："提督军门蓝大老爷喜舍缘田大小田园一片，并修水闸一口，奉祀上帝王公香火一年粮银二钱五分。康熙四十九年三月立。"永安宫原在正顺庙北左侧，已废。此为蓝理驻节漳州时拓修诗浦正顺庙、修筑田里港之旁证。

4. 平和九峰崇福堂

崇福堂又称"罗寨庵"，位于九峰镇复兴村，坐东偏南朝西北，单檐歇山顶，占地面积2230平方米，建筑面积1350多平方米。

大门为门厅式建筑，大门内退作凹寿式。殿堂重檐歇山顶，五开间，进深三间。崇福堂主祀东晋谢安、谢玄叔侄，配祀哪吒、吴真人、十八罗汉、五显帝、保人大夫、地头爷、天上李老君和闾君天子、阎罗王、关大帝、蛇王神仙、五谷主、三界爷等，集三教九流于一堂，别具一格。

第五节　开漳圣王

陈元光，生于唐显庆二年（657年），字廷炬，号龙湖，河南固始人。陈元光文武双全，14岁时随祖母魏氏和伯父陈敏、陈敷率58姓军校入闽，与先前到福建平定"蛮獠啸乱"的父亲陈政会合。唐仪凤二年（677年）陈政逝世，陈元光袭父职，并于垂拱二年（686年）获准设立漳州，成为首任漳州刺史，为开发漳州立下不朽功勋。景云二年（711年）战殁，"百姓闻之，如丧考妣，相与制服哭之，画像祀之。追思之甚，将遗体捏塑（一说埋葬）于绥安溪之大岐原"，是为民间奉祀陈元光之始。入宋，陈元光逐渐被神化，奉为安邦护境州主之神。当时漳泉二州各属先后建陈将军庙，如漳属龙岩建庙于县西门外，长泰建庙于县东人和里；泉州朋山庙建于朋山岭格，安溪建庙于县北者上乡等。

历代对陈元光屡有敕封，唐代封颍川侯，宋代赠辅国将军、灵著顺应昭烈广济王，宋宣和二年（1120年），各州县将军庙均赐额"威惠"。明初封威惠开漳圣王，俗称"王公"。明代，随着人口的繁衍，村社扩增，兼之寇警时发，百姓希望安邦护土神灵保佑，于是各村社，相继建起了符合自己心理需求的陈元光祠庙。人口较多、氏族观念较强的村社则把随从陈元光入漳始祖奉为祖神，单独立庙。如李姓奉祀辅胜将军李伯瑶，俗称"辅胜公"；沈姓奉祀武德侯沈世纪，俗称"沈祖公"；马姓奉祀辅顺将军马仁，俗称"马王公"；许姓奉祀顺应侯许天正，俗称"许元帅"；也有单独奉祀陈元光夫人或其女，形成开漳圣王信仰神系。漳州地区现有供奉开漳圣王的宫庙97座，奉祀陈元光部将及其家属的宫庙也有数十座。2006年3月16日，芗城区官园威惠庙和龙文区檀林威惠庙开漳圣王陈元光和魏妈神像启程前往台湾宝岛巡安一个月，魏妈金身定居高雄左营区慈安宫。①

1. 云霄威惠庙

云霄威惠庙原称"陈将军庙"，位于云霄云陵镇享堂村，是开漳圣王祖庙。庙占地2000平方米，建筑面积800平方米，坐西北向东南，抬梁穿斗式悬山顶，二进一院。正殿奉祀陈政和开漳圣王夫妇，两侧陪祀开漳圣王祖母魏妈、子陈珦、女陈怀玉、副将许天正、李伯瑶、马仁等。大厅石柱刊有宋徽宗政和三年（1113年）御赐联："威震漳江南国兵戈化礼乐，惠云流水西门宫

① 《闽南日报》2006年3月17日。

阙亘山河。"

云霄纪念开漳圣王较漳属各县更加隆重，每年农历九月十五、二月十六陈政、陈元光父子诞辰，民众抬着糯米大龟（有的重达数百斤）到庙里祭祀，并在开漳圣王像前抽签许愿，如卜得大龟，来年要准备一只更大的龟粿还愿，同时出资在庙前搭台演戏。每逢正月十五，抬着王爹、圣王神像出巡县城街巷，所到之处，民众顶礼膜拜，瞻仰供祭，俗称"走王"。

2. 漳浦绥安威惠庙

绥安威惠庙位于县城西郊，俗称"西庙"。庙主祀开漳圣王陈元光，俗称"王公"；配祀副将许天正、马仁、卢如金、李伯瑶、沈世纪等。后宫祀陈元光夫人种氏，俗称"王妈"。右宫祀陈元光次女陈怀玉，俗称"柔懿妈"。后宫、右宫坍圮后，王妈、柔懿妈移祀王公座右和座前。

开元四年（716年），朝廷将漳州州治兼漳浦县治从漳江北岸原陈元光屯兵处移设于李澳川（今漳浦县城），追封陈元光为颍川侯，诏立庙。县官每年于春秋仲月致祭，文曰："惟公开创漳邦，功在有唐。州民允赖，庙食无疆。"该庙是漳州首座官建陈元光将军庙，庙前至今立有赐建"盛德世祀"牌坊。

漳浦各地都有威惠庙，都认该庙为祖庙。每年陈元光寿诞，许多村庄和城镇角落轮流"做王公生"，于轮值之日敲锣打鼓成队到该庙"请（抬）王公"到村里，备牲醴敬拜，演戏请客，热闹一番。"做王公生"从正月十四日开始，至五月初九结束，俗谚"从半径移到西林"。后来又有几处陆续迎奉。一般都要王公、王妈一齐"请"去。草埔村只抬王公，没抬王妈；下梧村只抬王妈，没抬王公，较为特殊。

3. 漳州松州威惠庙

松州威惠庙位于芗城区浦南镇松州村。唐贞元二年（786年），漳州治所从李澳川迁龙溪，于漳州北郊松州书院内兴建将军庙，以纪念陈元光、陈珦父子开发漳州功德，定例文武官员春秋致祭。

与松州威惠庙合二为一的松州书院建于唐景龙三年（709年），为陈珦讲学处。景云二年（711年）陈元光战殁，诏令陈珦袭父职，任漳州刺史兼岭南行军总管。开元二十五年（737年），57岁的陈珦"疏乞哀龄待终，复就松州别业，聚徒教授，品风月"。陈珦二度讲学松州书院，直至天宝元年（742年）卒，终年62岁。松州威惠庙与松州书院在建筑上合为一体，形成前庙后书院，别具一格。庙倚石鼓山，坐北向南。庙前原辟有三级平台和一片开阔地，庙内主殿、偏殿及走廊、两厢坐落有序。

4. 漳州官园威惠庙

官园威惠庙又称"三圣王庙"，俗称"官园大庙"，位于芗城区巷口街道官园社区，祀奉开漳圣王陈元光及其部将。庙建筑面积约200平方米，坐北朝南，三开间两进。前殿进深两间，正殿进深三间，内有天井，两侧设过水廊房相连，抬梁穿斗混合式木构架，悬山顶燕尾脊屋面。庙前有宽敞的庙埕，西侧有新建山门一座，总占地面积3675平方米。现存建筑保持清代风格，殿内石柱上有清嘉庆六年（1801年）楹联三对。庙内还有宋建炎四年（1130年）石香炉、清代开漳圣王神主牌和清嘉庆、光绪重修石刻碑记各一通。官园威惠庙为省级文物保护单位。

5. 漳州天宝路边威惠庙

路边威惠庙位于芗城区天宝镇路边村，始建于元延祐六年（1319年）。清乾隆五十二年（1787年），由迁台的路边村人、台湾布政使理问韩熙文带领在台族亲倡修。面阔三间，前后三进。前殿奉祀开漳圣王陈元光、辅顺将军马仁及其妻韩氏。中殿供奉元延祐六年樟木雕趺坐观音。前殿与中殿之间有个四方形石砌天井，中间竖立一座青石雕莲花，高1.01米，顶部直径0.65米，分上、中、下三部。上部高0.5米，中部0.16米，下部0.35米。

上下两部呈喇叭形，中部若圆轮，整体外观近似瓻形，其上浮雕莲瓣构成莲花，中部三面阴刻"泰定丙寅"（1326 年）、"灵龟山主"、"威惠庙立"等字样。转动石莲花上部，中部就会流出水来，转动越快，出水越多，且久旱不涸，堪称一绝。天宝路边威惠庙为省级文物保护单位。

6. 东山铜陵东岭大庙

东岭大庙俗称"大使公庙"，位于东山铜陵镇东岭山下铜坑口古来寺前侧。相传东岭大庙始建于宋代，建筑面积 300 多平方米，坐北朝南，面对台湾海峡。庙有前殿、明堂、大殿及左侧室等。主殿三开间，三进，悬山顶。

东岭大庙奉祀开漳圣王陈元光之父归德将军陈政（俗称"王爹"）及其祖母魏氏（俗称"魏妈"、"王妈"）；配祀部将辅胜将军李伯瑶、护国将军沈世纪、辅顺将军马仁；附祀三山国王和五谷王（神农氏）。

7. 东山铜钵净山院

净山院俗称"铜钵妈祖庙"，位于东山康美镇铜钵村南面妈婆山下。净山院始建于明万历十七年（1589 年），坐北朝南，面对台湾海峡，三开间，进深三间，悬山顶。其占地面积 1000 余平方米，建筑面积 200 多平方米。净山院主祀柔懿夫人陈怀玉，俗称"夫人妈"、"妈祖"，配祀开漳圣王夫人，附祀注生娘娘、注寿娘娘和南海观音、天后圣母、神农大帝、玄天上帝。

陈怀玉为开漳圣王陈元光侧室所生次女，自幼熟读诗文，怀报国大志。父亲殉国时，怀玉年方 7 岁，日积哀伤，15 岁病逝。民间传说陈怀玉自幼习武，钻研韬略，随父从征有功，未嫁而卒。后敕封"柔懿夫人"。世传净山院为东岭大庙的孙女庙，每年柔懿夫人神像出巡，必于东岭大庙前停轿，入内省亲谒祖。

2006 年 10 月 24 日，以台湾山上天后宫为首的台湾玉二妈庙寻根谒祖团一行 21 人抵达东山净山院，举行隆重的认祖祭祖仪式。谒祖团团长、台湾山上天后宫负责人陈秀卿女士介绍说，玉二妈信仰随郑成功收复台湾时被带至台南，香火首播山上乡山上村，故山上村天后宫是台湾所有玉二妈庙的总庙。她说，台南、台北、嘉义、台中、基隆等地现在有玉二妈宫庙12座，信众遍布台湾，达数百万人。玉二妈文化在台湾十分兴盛，民间有"可与湄洲妈祖平起平坐"之"第二圣母"说。为了溯本追源，他们经12年调查考证，终于明确净山院是台湾所有玉二妈庙的祖庙。

据台湾三峡天后宫庙史记载，当时玉二妈神像是跟随郑成功军队的船只从大陆"五都"到台湾的。由于不知道以前的"五都"地域，许多台胞只是盲目地从厦门到晋江、泉州、漳州、诏安等地逐个神庙寻找，但都令他们失望。陈秀卿一行在寻找的过程中，东山籍台胞杨克政向东山县文化体育局局长林剑国了解情况，林剑国局长当即判断，他们要找的祖庙，可能就是铜钵净山院，主要依据有四：一是东山历史上被称为"五都"；二是东山只有铜钵净山院奉祀的妈祖不是林默娘，而是柔懿夫人陈怀玉；三是铜钵净山院奉祀的陈怀玉神像，在郑成功收复台湾时，被铜钵村将士请上船跟随到台湾；四是台湾传说中的玉二妈原型是个小女孩，与铜钵净山院奉祀的陈怀玉相符。

东山铜钵净山院陈怀玉与莆田湄洲岛妈祖同样是海峡和平女神。

第六节　开闽王

唐末五代，群雄并起。河南固始人王潮、王审邽、王审知三兄弟随王绪入闽。唐亡，王审知被封为闽王，建立闽国。王审知选用良吏，省刑惜费，轻徭薄赋，辟港通商。志载，"他处犹干戈扰攘，而闽不知兵者亘二十九年"。闽人感戴王审知治闽德政，尊为"八闽人祖"，誉称"开闽王"。

1. 同安北山广利庙

广利庙又名忠惠尊王庙，俗称"王公宫"、"北山岩"，是闽南祭祀开闽王王审知的主要庙宇，位于同安城区东北的五显镇竹山村北山南麓。

王审知逝世后，为纪念其"开闽"德政，百姓在王氏兄弟当年兵变肇始之地同安北山立祠奉祀，是为广利庙，并修衣冠冢朝拜。朱熹任同安主簿时，曾亲临祭奠。清雍正元年（1723年），重修并扩建广利庙，咸丰九年（1859年）重建，1982年再次重建。庙坐北朝南，前后两殿，庙门悬挂"开闽第一"横匾。前殿面阔三间，进深三柱，平开三门，三段式翘脊。后殿为敞厅，面阔三间，进深五柱，厅内奉祀忠懿尊王，即闽王王审知。每年农历二月十二日王公圣诞，前后五日，来自同安、金门、安溪、南安、晋江等地的香客数以万计，同时伴有宋江阵、车鼓弄、南音对、歌仔阵、布袋戏等文艺阵头，形成"游北山，拜王公"民俗庙会盛况。

同安北山广利庙前有一龟趺石碑，高 1.42 米，宽 0.54 米，竖刻楷书："雍正癸卯年浯洲沙尾乡张门郑氏喜舍重建北山岩中殿，并塑忠惠王圣像及文武判官。丁未年再舍，重建前殿。"记载了金门与同安密切的神缘关系。

2008 年 4 月 21 日，原属同安的白礁乡（今属漳州龙海角美镇）举办纪念两岸王审知开闽文化节暨三王入闽 1122 周年庆典，祖籍同安的台湾政要王金平委托胞兄王庆珠带领 40 多位宗亲专程参加祭祖活动，并到同安北山祭祖。

2. 惠安坝头龙凤宫

龙凤宫位于惠安山腰镇坝头（今属泉州市泉港区前黄镇）凤山村，主祀"唐公"（开闽王）、天妃妈祖与太保，俗称"唐公宫"。在闽南民间信仰中，称开闽王为"唐公"，并与天妃妈祖合祀，是比较少见的。

1992 年 3 月，台湾苗栗竹南中港龙凤宫组团寻根来到坝头，依据两宫同样主祀"唐公"与妈祖，同样有不能用鹅和鸭上供祭神的规定，确认坝头龙凤宫为苗栗竹南中港龙凤宫的祖庙。在坝头流传着一个"偷来神像建庙宇"的传说：宋朝，坝头有个小商贩到莆田忠门做生意返回时，私自请回路边小庙的"唐公"和太保公神像，当所乘渡船即将被追赶上时，他将两尊神像偷偷从船边放下海，神像化为一只鹅和一只鸭跟着船游。待到惠安沙格上岸时，鹅和鸭又神奇地变成两尊神像。坝头村民先将神像敬奉于刘宫社小庙。清康熙年间，坝头庠生连凤梧倡建新宫，把坝头溪对面山上一座行将倾颓宫庙的妈祖、文武尊王神像请过来，与"唐公"、太保公合祀在一起，命名为龙凤宫。清道光年间，坝头连氏迁入台湾，在苗栗竹南中港也建了一座奉祀"唐公"与妈祖的龙凤宫，并将"唐公"的传说故事与禁忌一起流传下来。

坝头龙凤宫存有 1957 年和 1982 年重修碑记两方，记载"石叻（新加坡）凤阿连氏公会"捐款重修坝头龙凤宫之事。

第七节　开浯恩主

唐贞元二十年（804 年），福建观察使柳冕奏设万安监，豢养马匹。当时在泉州共设马区五处，金门古称浯洲，即为其中之一。牧马监陈渊率蔡、苏、吕、陈、黄、颜等六姓（或说十二姓）来到金门开辟牧马场，牧马垦殖。陈渊精通马性，长于驱策，被人们视为"天驷降精"，尊称"马祖"。陈渊还熟谙草药，为民治病。陈渊逝世后，乡人感怀其开拓金门恩泽，在其牧马处丰莲山麓筑庙塑像祭祀，奉为"开浯恩主"（或称"恩主公"或"圣侯恩主"），号护骧将军，成为金门守护神。

孚济庙位于金城镇贤庵里庵前村，供奉陈渊。孚济庙坐北朝南略偏西，三开间，共七落，有四位配神，重建于清道光二十三年（1843 年）。元代，倭寇侵扰，传说陈渊曾以阴兵庇疆土，朝廷特敕建庙，封为福佑圣侯，赐庙额"孚济"。金门共有七座牧马侯庙，庵前村牧马侯祠是祖庙。

对金门人而言，牧马侯祠具有慎终追远的意义，是金门最重要、最有特色的庙宇。就连新加坡也建有孚济庙（现改为金门会馆），供奉家乡守护神开浯恩主。①

第八节　灵安尊王

惠安最著名、在海内外影响最大的民间信仰宫庙当推青山宫。青山宫位于山霞镇青山村北，坐北朝南，主体建筑三进，由山门、两廊、天井、前殿、拜亭和后殿组成，东侧有文昌祠，西侧有英烈祠。

青山宫始建于五代十国（或说宋太平兴国年间），主祀灵安尊王张悃。张悃，或说为三国吴将，大多认为五代闽将。明嘉靖《惠安县志》载："青山在县南，伪闽时将军张楣（悃）尝立寨于此，以御海寇。既殁，乡人庙而祠之，至今不废。"南宋建炎年间，封灵惠侯，赐庙额"诚应"，故青山宫亦名"诚应庙"。南宋景炎元年（1276 年），封灵安王，制入祀典。南宋两知泉州的真德秀曾亲至青山宫致祭，所作《惠安成（诚）应宁济庙祝文》收入《西山真文忠公文集》。

民谚称："未有惠安，先有青山。"惠安未建县时，先在鳌塘铺（今泉港区山腰镇北部）设官署，管理钱粮刑狱之事，称为"古县"。宋太平兴国六年（981 年）惠安置县，官署移置螺山之阳（今惠安螺城）。建县衙时发现张悃墓，出土一铜牌，上镌偈

---

① 参见林丽宽、杨天厚：《金门的民间庆典》，台原出版社 1993 年版，第 111、57 页。

语："太平兴国间，古县移惠安；若逢崔知节，送我上青山。"惠安首任知县崔拱于是将张悃墓迁至青山，并建庙奉祀。实际上，青山宫应始建于五代末，宋太平兴国年间当为重建。青山宫建筑富有特色，山门、后殿为硬山顶，前殿为悬山顶，然其前殿举折比例颇大，前后屋盖非常陡峭。又山门、两廊和天井与前后殿的地面高度差也较大，且背靠青山，使前殿显得格外高峻斜险。清乾隆重修时，曾降低五尺，但高峻斜险特色犹存。2013年，被列为第七批全国重点文物保护单位。

台湾最早的青山王庙是彰化县芬园乡溪头村南路灵安宫，建于清嘉庆五年（1800年）。而影响最大的青山王庙是台北市龙山区贵阳街青山宫，即艋舺青山宫，始建于咸丰四年（1854年），1943年重建，是台湾香火最旺的青山王庙。据娄子匡《台湾民俗源流》记载："一百年前，惠安有几个信徒，因为想修建青山王庙，便奉着青山王的神主，渡海到台湾来募捐。……万华蕃薯市有一家商店后进古井里，出现了蟾蜍精，所以没有人敢住在里边。这时恰好青山王的神主没有地方放，便把他拿来镇压在古井上，果然一下子妖精绝迹，显赫异常，很快就募得一大批款了。可是当他们几次要把神主捧回惠安，都碰到大风巨浪，于是大家晓得青山王看中了台湾不想回去，便把神主放在原来的地方，醵金建庙……"此传说在台湾广为流传，传说不足征信，但说明台北青山宫直接分灵于惠安青山宫，而台湾的青山王庙基本上是台北青山宫的分灵。台湾主祀青山王的寺庙多达168座，各庙经常组团前来惠安青山祖庙进香谒祖。

第九节　三忠公

闽南多有奉祀南宋三忠臣的庙宇，即不屈就义的丞相文天祥、覆舟溺死的名将张世杰、负帝昺投海死节的左丞相陆秀夫，合称"三忠公"、"三忠王"。

另闽南也有不少宫庙奉祀张巡、许远等死节名臣。

1. 泉郡睢阳庙

睢阳庙位于泉州城新门街。"睢阳庙，在城西南胜得铺。祀唐张巡。国初时，大水自惠安漂木像泊于城隅，有老尼奉于观音宫。康熙间，内院觉罗霍拓提师平闽，夜宿近处，屡梦巡授以兵要，访得像处，悉与梦符。后复于阵中见睢阳旗号杀贼。乃于康熙壬戌年，偕总督姚启圣、将军施琅、提督万正色暨诸文武僚属，捐俸银买周姓住宅，鼎建斯庙。复于庙左买小屋一座，前连店面，以备庙中香灯。庙内匾额题柱，皆霍拓手书。按：睢阳庙，郡中多有。有与许远同祀为双忠者，有与汉关羽、宋文天祥并祀为三忠者。苟非显灵于泉，皆不备载"①。

2. 同安柑岭护国尊王宫

柑岭护国尊王宫位于新民镇柑岭村西南村边终仔埔。其始建于明初，原为单间小庙，历代多次兴废，2009 年迁现址重建。柑岭护国尊王宫有前后两殿，面宽 9.4 米，进深 15.4 米，沿用清代柱础等石构件。宫内原奉祀护国尊王张巡、许远，现存张巡木雕神像一尊，宽 0.36 米，高 0.65 米，呈坐姿，面相漆黑奇异，白眼圆睁，髯须飘逸，双臂支撑于膝上，右手持利剑，身着铠甲战袍，饰以金、红、绿、黑色的漆线雕装饰，雕塑神奇，工艺精细，雕饰保存完好。

清代，终仔埔邵氏曾大批迁往台北、三重等地，并将香火随同带去，因此柑岭护国尊王宫成为台湾各地护国尊王宫的祖庙，每年都有台湾同胞前来祭拜。

3. 安溪大坪集应庙

集应庙坐落于大坪乡大坪社溪尾，主祀保仪尊王（安史之乱

---

① 道光《晋江县志》卷六十九《寺观志·城外寺观》。

时死守睢阳的张巡或许远），俗称"尪公"。庙始建于五代末宋初，历经修葺，清道光五年（1825 年）大规模重修。

据传说，明万历年间，外嫁于长泰青洋的张西峰第三女，携子卢彩云返家，到集应庙敬祀尪公，祷告若子日后成才，定当厚谢。天启五年（1625 年），卢彩云荣登进士第，历任贵州主考、四川道监察御史、都察院巡抚等职。卢彩云曾奏请崇祯帝颁旨："敕封大坪集应庙保仪尊王，并将驾前七十二队赠赐尊王英灵，特立匾额'恩泽广被'。"集应庙保仪尊王深受安溪、同安、长泰三地交界处信众敬奉。安溪大坪茶农渡台垦拓，也将保仪尊王香火传播到台湾，在台北等地有景美集应庙、木栅集应庙、忠顺庙、淡水义山双忠庙、小坪顶集应庙、淡水忠顺庙等分炉 15 座。2009 年 11 月，大坪集应庙保仪尊王出巡宝岛台湾。

4. 泉州法石三翁宫

三翁宫遗址尚存涂门外法石附近云麓村东面山腰，柱联云："主溺崖山千古恨，魂依云麓四方知。"

三翁宫"创建莫考。祀神四：一衣青，一衣黄，一衣黑，傍一人衣红。相传宋末时有三老随少帝至此，少帝遇害，俱触石而死。里人拾其遗骸收葬之。其傍衣红者，里人也。今乡人以正月初八日卜何翁，应年丰歉。一翁应卜稍可，二翁多旱，三翁有秋；衣红者称圣王，应卜更妙。亦颇验云"①。乾隆三十四年（1769 年）曾式冕《云麓禅寺暨三翁宫记》载称："宋帝端宗遭元兵之难南迁，欲作都泉州，招抚使蒲寿庚闭城不纳。帝乃趣驾，由通淮门外取道直之东南……维时复有三孝臣扈从，不及寻踪到此，帝已航海入粤，遂触石死焉。里人殡而葬之，亦以身殉，姓名皆不及传。"②《晋江县志》收录方翀《三翁歌》，"其引云：出

---

① 道光《晋江县志》卷六十九《寺观志·城外寺观》。

② 参见郑振满、丁荷生编纂：《福建宗教碑铭汇编·泉州府分册》，福建人民出版社 2003 年版，第 290 页。

郡涂门有村曰围麓，间筑一土台，可三尺许，覆片瓦，祀三翁焉。翁乃一尺土偶，为像朴陋。每岁首春，土人以鼓乐牲酒娱神，掷筊问某翁出，卜岁丰凶，颇有灵验。若一翁出，则水旱参半。二翁出，则旱。三翁出，则雨泽均。土人云：'一翁为商旅，二翁为盐户，三翁为耕夫，故以其所愿望昭明天道。'或曰：'三人皆宋亡时不知何人，同日于此遂志焉。'噫，是必然矣。盖生为忠义，斯没为明神，其有灵者自非无端，而翁以一出示前知，非人所能仇德也"。

5. 同安洪塘三忠宫

三忠宫位于同安洪塘镇三忠村（今属厦门翔安区），"在同禾里七都大道之旁，祀宋文天祥、陆秀夫、张世杰。盖张陆二先生过此，而文丞相后驻霞漳，故汇祀之，人因以此为里号"①。

三忠宫始建于清康熙五十二年（1713年），乾隆四十二年（1777年）、咸丰十年（1860年）及1984年重建，2004年翻建。坐北朝南，前后两殿，面宽9.8米，通进深19.5米，宫前连建有长方形祭台。前殿面阔三间，进深三柱，抬梁式梁架，重檐歇山顶。后殿面阔三间，进深五柱，抬梁减中柱，厅内神龛奉祀文天祥、陆秀夫、张世杰三位忠臣，屋顶为藻井天花，重檐歇山顶。后殿东墙嵌清咸丰七年（1857年）《重修三忠宫碑记》，为长方形黑页岩，横长0.62米，高0.32米。

6. 晋江东石九龙三公宫

东石九龙三公宫又称"嘉应庙"，位于晋江东石沙堀村，供奉九龙三公。"九龙三公"是九龙江流域民众对代帝昺饮鸩殉国的魏天忠及其祖魏了翁、其父魏国佐的尊称。据说自建庙以来香火不断，有求必应，故名"嘉应庙"。三公宫坐北朝南，三开间，上下两落。前殿为重檐歇山顶，后殿为硬山顶，占地面积350平

---

① 乾隆《马巷厅志》卷十《庙宇·附寺观》。

方米。三公宫规模不大，但建筑华美，荟萃闽南石雕工艺精华。庙中有一座明万历年间本境东苏户敬献的石香炉，高1.5米左右，直径1米，重1600多斤。炉座浮雕莲瓣，古色古香。另尚存一明万历甲寅年（1614年）石碑。①

闽南语"灯"、"丁"同音，晋江东石每年元宵节，凡去年新婚青年，都须把新娘陪嫁的宫灯挂到三公宫里。从正月十三晚开始持续三个夜晚，男女老少齐集庙里，欣赏宫灯，猜灯谜，听南曲，数着宫灯数，计算当年人口增加多少。东石男人大都常年出海在外，通过数宫灯，可使回家过年的航海者了解家乡人丁情况。

郑成功收复台湾时，不少东石人随同前往，他们带去三公香火，建庙奉祀，主要分布于台湾嘉义布袋镇和东石乡。布袋镇是台湾沿海城镇中少数不以妈祖为主要信仰的乡镇，当地人把三公宫当作祭祖的场所，现在台湾还有"布袋嘴真无通，祭祖祭三公"的民谚。嘉义布袋三公宫的神像是晋江东石玉井蔡源利、蔡秉禄当年渡台时带去的，他们把元宵数宫灯的习俗也带到这里。从前每年元宵，台湾乡亲都特地赶回晋江东石"会灯"，通报当年台湾的宫灯数，并把祖籍地的数字带回去，互报两地子孙繁衍情况。东石灯俗已入选福建省非物质文化遗产名录。

2002年农历五月二十三日，台湾布袋三公宫（嘉应庙）等七座宫庙联合组织400余人的进香团来东石祖庙进香。

7. 长泰岩溪普济岩

普济岩位于长泰岩溪镇珪塘村，始建于唐代，原为佛寺，因年久失修而倾圮。明弘治末年，由珪塘曾任广西桂平县令的叶玭、曾任广西恭城县令的叶仪等聚族公议重建。为方便信徒参

---

① 参见郑振满、丁荷生编纂：《福建宗教碑铭汇编·泉州府分册》，福建人民出版社2003年版，第163页。

拜，将普济岩迁建今址，奉三公入庙崇祀。珪塘叶氏开基祖为宋代名臣，为抗元督办粮饷殉职，其子献身抗元之役。因此，宋末三公气节倍受叶氏族人崇拜。

普济岩建筑面积 559 平方米，坐北朝南，三川门，单檐硬山顶。西厅供奉九龙三公。每年农历正月十七日，普济岩都举办一场独具特色的"下水操"民俗纪念活动。由村中青年用神辇抬三公神像绕境，并连人带轿抬三公游淌过村中的池塘。人游水中，轿浮水面，场面极为惊险壮观，别具一格，全村人都争至池塘边观看助威。据说这项民俗活动是模仿陆秀夫当年负帝昺投海殉国的情景。

8. 漳平西埔嘉应庙

嘉应庙位于漳平新桥镇西埔村西埔洋，亦称"三公（翁）宫"。清乾隆《龙岩州志》载："三翁，姓刘，漳平和睦里人。兄弟三人，俱得佛法。在西埔尸解，有真身。岩庙，九龙溪一带居民多祀之。"该庙坐西向东，面阔五间，进深 13 米，上下厅一院，歇山顶抬梁穿斗式构架，为清嘉庆五年（1800 年）重修遗存。庙占地面积约 1000 平方米，建筑面积约 300 平方米。明堂左下辅厅边竖清代《重修嘉应庙碑记》。庙中有 24 根高 5 米，径围 1.4 米的杉木柱，有楹联："构庙自皇庙，历宋元明清，嘉应重修垂万古；立功追神禹，验疏沦排涣，卯金流泽永千秋。"其中"卯金"隐含"刘"字义，指刘氏三兄弟。

9. 漳浦湖西三王公庙

三王公庙位于漳浦湖西畲族乡丰卿村坑仔尾社，为畲汉两族村民所共同崇奉。所奉祀的是追随文天祥抗元的三位义军将领：柳信、叶诚、黄勇（一说姓英）。三人率部抗元，在漳浦湖西牺牲，乡民埋葬三人于坑尾村，后在墓前盖起一座小庙，供奉三人塑像，尊称为"三王公"。湖西坑仔尾三王公生日为：大王为正月十五日，二王为二月十五日，三王为十一月十五日。届时，四乡村民均举行内容丰富的民俗活动。

村人廖地于清乾隆五十一年（1786年）到台湾谋生，带去在三王公庙挂香的小型三王公神像作为保护神。他于嘉庆元年（1796年）加入漳浦人吴沙领导的垦拓噶玛兰（今宜兰县）行列，定居于二结（"结"本是垦民组织单位，后成为地名）。他从故乡带去的三王公神像本只作为私家保护神，后邻居也来膜拜，慢慢地吸引整个村社的人都来膜拜，祈求庇佑。后来村民合资建起一座镇安庙，庙中三王公称"古公三王"。宜兰初开，缺医少药，人们相信三王公能驱邪治病，保境安民，常到庙中祈安，香火越来越旺盛。清末，日本侵占台湾，二结三王公庙除仍是村民祈安之处外，也成为人们缅怀祖国故乡的精神依托。

自宜兰铁路建成，在二结设火车站，二结与外界的交通日益频繁，二结镇安庙成为岛内各地人们前来朝拜和旅游的胜地。1927年，镇安庙开始扩建，成为一座前后两进的庙宇，雕梁绘栋，富丽堂皇。正殿祀三王公，偏殿兼祀廖地塑像，以纪念他"迎请"三王公前来保境安民的功绩。台湾光复后，二结发展成为镇，二结镇安庙的香客、游客每年有十多万人次。

10. 晋江塔头慈元行宫

慈元行宫位于东石镇塔头村刘厝，俗称"皇妈宫"，主祀宋亡殉节厓山的杨太后和宋帝昺，奉皇妈为该村挡境保护神。

闽南各地有不少供奉宋末忠臣烈士的三忠宫、三公庙，但奉祀杨太后的慈元行宫却是独一无二。宋末，元兵攻陷临安。杨太后"痛三宫之北狩，随二邸以南迁。……扬帆海上，退驻福州，奉端宗以嗣基。……太后垂帘，陆丞辅政，用天祥以开府，任世杰而治兵。母寡儿孤，冀赵家尚能存祀。……兴泉之地覆亡，吉赣之师不捷。遂迁居于沙浦，寻退保于厓山"。元将张弘范分军冲击，陆秀夫负帝蹈海殉国。杨太后见大势已去，拊膺痛哭："前九主，后九主，叹南北之相符；亡一君，立一君，尽心力而后已。今无复望，甘填精卫之冤；义感全师，尽守屈原之节。"遂投海而殁。塔江刘氏独祀慈元杨太后，"盖吾祖令史（拓）公也，沐宋恩，生逢宋季，参军督府，扈跸粤东。斗北枢翻……社稷坵墟，莫展擎天之手；涧槃窀寐，犹怀奉日之心。爰塑主母之神，少效臣职；用示继绳之后，共尽忠心。"清同治六年（1867年），举人刘云路率众重修。①

晋江永宁、深沪一带有"相扛"之俗，最惊险者为东石塔头刘姓。村人以一条南北纵贯、直通海边的大巷为界，分为东、西两畔，各列成队伍，互相对打。中秋期间"扛火"，收集硬木块（特别是旧式妇女弓鞋硬木高跟）在火中烧红，然后到沙滩上相扛。八月十五夜，相扛达到高潮，俗称"八月十五暝大打拼"，相扛者空拳对打，火扛者互掷明火或暗火木头。最后还有一场成人参加的大型对打，拿出竹篙鱼竿到沙滩上对阵。相传此俗乃该村开基祖宋季朝散大夫、行军令史刘拓（刘拓"行军令史"铜印至今尚存）发明。刘拓系福州凤岗刘存后裔，护驾杨太后和宋幼主南下广东，被元兵打散，逃隐塔头村。后在塔头村建慈元行宫奉祀杨太后，并教青壮子弟习武操练，以图再起，数百年传衍不衰。

第十节　广泽尊王

广泽尊王全称"威镇忠孚惠威武烈保安广泽尊王"，又称"保安尊王"、"郭圣王"、"郭王公"，原名郭忠福，安溪清溪人，或说南安诗山郭山人，生于后唐同光元年（923年），以至孝闻名。郭忠福小时家贫，为人牧牛，虽离家数里，每天傍晚必回家

---

① 《塔江新修慈元行宫碑记》，见郑振满、丁荷生编纂：《福建宗教碑铭汇编·泉州府分册》，福建人民出版社 2003 年版，第 392～393 页。

侍奉双亲，风雨无阻。父病逝，郭忠福千方百计借钱安葬，偕母迁居南安凤山（今诗山）。传说后晋天福二年（937年），郭忠福牵着牛，带着酒，登上郭山绝顶，日暮不归。翌日，乡人见郭忠福蜕化于古藤上，牛也只剩骨头。乡人念郭忠福至孝，以为非凡，便在郭山下立庙祭祀。

郭忠福生前为牧童，成神后，百姓赋予他各种职能，几乎无所不能。宋朝先后敕封郭忠福威镇文泽侯、威镇忠应孚惠威武英烈广泽尊王，清代加封威镇忠应孚惠威武英烈保安广泽尊王。明清时期，广泽尊王影响超出南安。清末仅南安十一都、十二都、十三都至少就有13座广泽尊王庙，俗称"十三行祠"、"十三太保"。泉州城隍庙、承天寺、开元寺、天后宫等宫庙也供奉广泽尊王，晋江陈埭、安海、深沪，惠安洛阳桥北，永春县西门外，同安县城外及厦门、漳州等闽南广大地区都建有广泽尊王庙。农历八月二十二日是广泽尊王诞辰，各地进香者数以万计。先前交通不便，省外香客步行至南安凤山寺进香，出门时把雏鸡放在篮子里，沿途喂养，到凤山寺时雏鸡已长大，可为供品，虔诚之至，可见一斑。

1. 南安凤山寺

凤山寺原名"郭山庙"，又名"将军庙"、"威镇庙"，坐落在南安诗山镇坊前村郭山，郭山亦称"凤山"，故名凤山寺。

凤山寺占地面积约2公顷，坐西朝东，四进，主要建筑有山门殿、中殿、后殿和大雄宝殿。除后殿为硬山顶，其余均系重檐歇山顶。

凤山寺约始建于五代闽王通文三年（后晋天福三年，938年），主祀广泽尊王，俗称"郭圣王"、"圣王公"，配祀王妃、崇德侯、显祐侯、黄太尉、陈将军。《郭山庙志》载："崇德尊侯、显佑尊侯者，宋时人也。自京师奉天子命赏敕到庙，里人祀于庙中。"黄太尉"尝在郭山掷碗退水数十丈，世称碗公。"近代，增祀释迦佛、观音菩萨、文昌夫子等，凤山寺成为儒道释三教合一的寺庙。

凤山寺广泽尊王神像十分奇特，完全按民间传说塑造。据说郭忠福坐化时，头垂下，双足交叠盘坐，郭母见后伸手将其一足拉下来，并将其头扶正，使之向前直视，吩咐道："你嘴阔食四方，眼睛越大看越远越好。"广泽尊王的塑像眼睛睁得滚圆，嘴巴十分阔大，一足盘曲，一足垂下。民间故有"庙内神，益外境"之说。

广泽尊王信仰大概于清初传播到台湾。清康熙元年（1662年），南安郭氏族人移居台湾，在台南南河港当码头工为生。他们带去广泽尊王的分身，初建简陋的圣公馆供奉，不久扩大规模，亦名"凤山寺"，后改称"西罗殿"，愈建愈宏伟壮丽。三百多年来，一直是台南郭氏族人信仰、活动的中心，因而成为台南郭氏的标志，于是"西罗殿姓郭的"竟作为一种名号传扬至今。广泽尊王已成为台湾民间最受崇信的神祇之一，庙宇达140余座，有的直接从南安凤山寺分灵，有的由台南西罗殿间接分灵。其中最负盛名的是台南西罗殿，蒋经国先生曾题赠"保安天下"。20世纪20年代前，台南西罗殿和台湾其他广泽尊王庙宇，每隔三年都要组织信徒来南安凤山寺祖庙进香谒祖。20世纪80年代以来，他们又继续多次组团来例行此事。

2. 漳州朝阳书厅庙

书厅庙在龙文区朝阳镇书厅村内，悬山顶，坐西向东。庙门石柱刻有楹联："书源永注子孙贤，厅仰八门泽千里。"庙二进，中有天井、两廊、耳门。正殿面阔三间，进深三间，祀郭圣王（广泽尊王），庙中悬挂"镇抚书山"匾额，有清乾隆甲辰年（1784年）纪年石柱楹联"书有和风昶乐安居，厅余福泽四季平安"等。正殿有边门，左门题"国泰民安"，右门题"风调雨顺"。庙前有砖铺埕。原庙系古庙宇，已坍塌，始建年代不详，碑记亦已散失。

3. 龙海鸿渐太保公庙

太保公庙也称"二太保庙"，位于龙海角美镇文圃山岭下鸿渐村。鸿渐村原名鸿渐美社，属同安积善里二十都白昆阳保，1955年划归龙海。太保公庙始建于明末，1986年重建。太保公庙坐东北朝西南，单檐硬山顶，单进，面宽、进深各一间，占地面积100平方米，建筑面积30.75平方米。

耆老云，附近六社原有不少宫庙供奉广泽尊王，后鸿渐美社分得其中两尊神像，建庙奉祀，故名"二太保庙"。太保公庙原有石柱楹联："著千古之功勋职封太保，济万代乎黎民德垂凤山。"近年有人迳将太保公庙改称"郑和庙"，称二太保即明初下西洋的"太保公郑和与二太保公王景弘"[①]。鸿渐太保公庙每年八月廿三日神诞，正好是广泽尊王的神诞。村民俗称"太保公'顾外洋'、'荫外洋'"，亦符合广泽尊王"庙内神，益外境"之说。

鸿渐村是著名的侨乡和台胞祖籍地，1988年4月14日，菲律宾总统科·阿基诺回乡祭拜家庙、祖祠后，亲率家人往太保公庙恭敬朝拜。

第十一节　正顺尊王

闽南有两种正顺尊王。一是拒不事元、绝食自尽的南宋著名词人谢枋得。另据明嘉靖《长泰县志》记载，"正顺行祠，有邑人陈耸殁而有灵，元至年间敕封英烈侯，忽都火者建"。元至正十九年（1359年），朝廷颁赐"协顺至圣英烈侯郎"封号。民间因此称陈耸为英烈圣侯、圣侯公、孝子公，并兴建正顺庙祭祀。

---

① 参见曾玲：《一个闽南侨乡的郑和传说、习俗与崇拜形态及其社会文化意义》，见刘宏主编：《海洋亚洲与华人世界之互动》，新加坡华裔馆2007年版，第138～149页。

1. 安溪参内安山庙

安溪参内乡罗内村安山庙始建于明永乐年间，主祀正顺尊王谢枋得。

传说元初江西弋阳有一罗姓农夫与人结伴上山打柴，忽见远处山腰有一老翁坐地采果而食。农夫趋近探视，老翁忽然不见，只见一老树根头隐约有"叠山隐处"四字。此事传开后，众人认为这是义士谢枋得因眷恋故国山川而英灵显化，乃将老树根抬回家，由罗氏依老翁形影雕塑成像，供奉于堂。乡邻遇事前往祈祷，屡有灵验，乃尊称为"境主公"。明初，罗氏后裔携带境主公木雕神像入闽开拓，在安溪长泰里罗洋乡（今参内乡罗内村）安家立业，并将境主公神像安奉于家。村民每往祷之，皆有灵应。经众口相传，境主公香火日盛。明永乐年间，罗家将境主公神像献出，由罗洋乡黄氏为主集资建庙宇奉祀，并定名为"安山庙"。明宣德年间，罗内境主公被赐封为正顺尊王。

安山庙分炉分香闽南各地。闽南华侨还将正顺尊王谢枋得信仰传播到新加坡和马来西亚，安山庙成为其祖庙。1995 年，安山庙被列为安溪县文物保护单位。

2. 安溪感德集福堂

感德镇槐植村集福堂亦主祀正顺尊王谢枋得，同时供奉释迦牟尼及文殊、普贤菩萨等。明成化五年（1469 年），当地黄氏先祖智五献地，由黄、陈、苏三姓鸠资兴建。清顺治十六年（1659年），三姓合塑正顺尊王神像供奉于槐植村后山上。康熙十年（1671 年），奉进集福堂左殿崇祀。集福堂右殿祀奉黄氏智五神位。槐植集福堂似乎不是参内安山庙的分香子庙，其正顺尊王谢枋得信仰传说也与参内安山庙不同，不是由谢枋得故乡江西弋阳罗姓移民传入，而是谢枋得亲自来到感德左槐。

另谢枋得抗元兵败，流徙闽北武夷山期间，因著有《觅茶》诗："茂绿林中三五家，短墙半露小桃花。客行马上多春日，特叩柴门觅一茶。"享有中国茶叶第一镇盛名的安溪感德,更尊谢枋得为茶神,奉为"茶王公"。

3. 惠安小岞正顺王宫

惠安小岞镇(今属泉州市泉港区)后内村正顺王宫分香自安溪参内安山庙,主祀正顺尊王,附祀玄天上帝、妈祖和告海公等神明。传说南宋末年小岞后内出了一个豪杰,名叫李雄,曾是文天祥抗元义军的将佐,和谢枋得是至交。南宋灭亡后,李雄返回家乡,在沿海一带继续组织抗元斗争。谢枋得抗元兵败,逃匿闽北武夷山区,曾经来到后内寻找挚友李雄,此时李雄恰在金门岛训练船队准备抗元。谢枋得找不到李雄,暂居后内,在小岞净峰一带卖卜度日。据说这些占卜卦辞正是正顺王宫签诗的前身。谢枋得绝食身亡后,李雄画谢枋得像于家中以示纪念。明嘉靖年间,倭寇窜犯小岞,后内乡民一致公推李雄后裔家中所奉谢枋得神像为抗倭主神,取得胜利。后内村民由是奉谢枋得为后内境主,兴建正顺王宫供奉谢枋得。

4. 长泰南岳正顺庙

正顺庙,又称"圣侯庙",位于长泰县城南门。元至正年间,由县尹忽都火者倡建。现占地面积1372平方米,建筑面积704平方米,庙宇坐北朝南,砖石木混合结构、宫殿式建筑。正顺庙前门口有一大石埕,埕前开凿了一口水井,泉涌不息。主建筑分前后两进,中留天井。屋顶的坡度倾斜较大,屋脊的装饰尤为精致。大门楹联"格天孝德凫飞写,奠国神功石作盘",由长泰举人、饶平县令杨积源撰于乾隆五十三年(1788年)。门厅面阔三间,进深一间,盘龙柱二支,鼓形石柱础浮雕有花草图案。正堂面阔三间,进深三间,有六支石圆柱,鼓形石柱础。后殿正中供奉陈耸神像。正殿地下有一口0.3米见方的小水井,水质甘醇,久旱不枯竭。庙内有古代孝子图24幅,庙史图16幅。前厅高悬台湾彰化泰源宫、北极宫赠送的"孝行天下"、"灵感万里"、"福泽群生"等三方匾额。每年农历四月初四日为陈耸忌日。

相传陈耸乐于助人，勤于公务，尤尊孝道。一次，陈耸在县衙送公文差役至漳州府时，意外蒙冤，被判入狱服刑。其母沈氏闻讯，杀鸡熬汤送至牢房探望。耸见鸡思母，泪流满面，他扯下鸡肉，留给母亲吃，以表孝心，自己啃食鸡骨，不慎鸡骨梗喉身死，年仅 21 岁。陈耸孝敬慈母事迹，广为世人传颂。元至正十九年（1359 年），朝廷敕封陈耸为协顺至圣英烈侯郎。忽都火者兴建南岳正顺庙，并在正堂安放孝子公神像，供世人朝拜，以弘扬孝悌遗风。圣侯公信仰渐次在民间普及。

明末清初，长泰先民移居台湾，有定居彰化县桃源里的移民带去正顺庙香火。起初未建庙宇，神像放置民家供奉，于每年农历四月初四祭祀时，将神像置于社里公共处，各社信徒都来朝拜。因信徒越来越多，于是在社里建立一座小庙供奉，尊为地方保护神。1973 年，桃源里百姓动议兴建供奉孝子公的大庙。1979 年庙宇落成，命名"泰源宫"，寓意桃源里与长泰祖地的密切关系。泰源宫有楹联："泰开花县，神威坐镇出孝子；源溯茗山，功德巍峨拜圣侯。"其中"花县"为长泰古代雅称，"茗山"指长泰的山峰。对联表达了对故土的眷念，对圣侯公的崇拜。近年来，桃源里林、陈、王、曾等姓乡亲，经常组团回长泰谒祖，祭奠圣侯公，并捐资用于家乡的公益事业。

第十二节　林太史公

林偕春，字孚元，号警庸，晚年自号云山居士。明漳浦县前涂村（今属云霄县）人，嘉靖四十四年进士。参加编纂《穆宗庄皇帝实录》，书成，升编修，掌制诰。林偕春为朝廷拟写名相张居正之父诰敕时，得罪张居正，次年外调湖广按察副使，愤然辞官归里。林偕春隐居家乡，专心学问九年之久。万历十一年

（1583年）张居正卒，翌年林偕春复职，奉命督导两浙学政。因秉性直率，与朝廷派出监督学政的使者相抵牾，被诬参解职归里。后又起用为南赣兵备道副使，时虔州（今赣州）岑冈一带不靖，众议应剿，独偕春主抚。巡抚采其议，地方迅速安定。不久，升任湖广右参政，分守荆西。适逢大旱，林偕春与地方官极力设法赈济。万历十四年，林偕春再次辞官归里，从此不复出。林偕春在云霄筑书斋，邀远近学子"读书谈道"，学子归之如就市，"户屦常满"。

万历末年，内侍税监恃势横征暴敛，侵扰地方。林偕春不惜以休闲之身为民请命，呈请蠲免"公溪舶税"和"榷税"，得罪当政。林偕春去世后，乡民罢市送殡。清光绪九年（1883年），云霄缙绅倡建云山书院于城关竹仔街，塑像奉祀林偕春，林太史公信仰逐渐普及漳州府属各县，成为乡贤信仰的典型。

1. 云霄云陵太史公庙

太史公庙亦称"太师公庙"、"云山书院"，位于云霄云陵镇溪美街漳江畔，占地面积1300余平方米，主体建筑面积700多平方米。太史公庙奉祀乡贤林偕春，建于清光绪九年（1883年）。庙由门厅、庭院、大殿、厢房、照壁等组成，东西长45米，南北宽29米。抬梁穿斗式，重檐歇山顶方形楼阁，24根附柱支撑整个大屋顶，屋脊顶端有一青色瓷制大葫芦，上书"天开文运"，整体结构严谨。庙分上下两层，前后两进，中为天井。上层为奎星阁，祀奎星，下层厅堂正中祀林偕春塑像，两侧大柱悬挂对联："云天孰与高，直节曾飞权相魄；山郭何其重，官箴犹系邑民心。"取上下联首字即为"云山"。大厅有刘海粟书"云山书院"、厦门大学教授叶国庆书"一代文宗"匾。每年农历四月初四林偕春生日，民众在庙前大埕搭台演戏数场。

2. 南靖山城碧阳宫

碧阳宫位于南靖山城镇中山桥与中山南路交接处，背靠紫荆山，占地面积约200平方米。主体建筑为四方二层楼阁，屋脊龙凤盘顶，雕塑精美。碧阳宫原名碧云宫，始建于明崇祯年间。1945 年秋因建县衙，将县衙前朝阳庙并入碧云宫，易名碧阳宫。原朝阳庙奉祀的大众爷公吴善塑像及两个清道光年间香客敬献的石香炉一并供奉宫中。碧阳宫正殿供奉林太师和大众爷雕像，林太师原配方夫人和继配沈夫人雕像分别供奉在正殿两侧。正殿四方形小阁楼原供奉魁星塑像，已毁。

龙海紫泥镇西良社也有颇具规模的林太史公庙，相传庙中神像系清初由九龙江上游漂到锦江，乡民遂建庙奉祀。

第十三节　番王爷

唐宋以降，不少外国商人来到泉州经商定居，对闽南民间信仰也有特殊的影响。

1. 泉州灵山圣墓

灵山圣墓又称"伊斯兰教圣墓"，位于泉州城东灵山，现存两座白花岗岩三层须弥座、回式墓顶石石墓，两墓并列，墓上有石亭，墓后倚山建马蹄形回廊，回廊梭形石柱具有典型的唐代建筑特色。"圣墓"的"圣"，闽南话读作 $s\bar{\imath}a^5$，即灵验之意，非神圣（sin^5）、圣（sin^5）人之意。

相传唐武德年间，穆罕默德遣四贤徒来华，一贤传教广州，二贤传教扬州；三贤沙仕谒、四贤我高仕传教泉州，卒葬灵山。圣墓碑廊有一方回历 728 年（元泰定五年，1328 年）古阿拉伯文碑刻，记述二位先贤来泉州传教事迹。本是回民的郑和第五次下西洋途经泉州，特地到灵山圣墓祭告行香。由同为回民的镇抚蒲和日立碑记事："钦差总兵太监郑和前往西洋忽鲁谟厮等国公干，永乐十五年五月十六日于此行香，望灵圣庇祐。"[1]

---

① 参见吴文良原著，吴幼雄增订：《泉州宗教石刻》，科学出版社 2005 年版，第 48～52、327～328 页。

2. 泉州白耇庙

白耇庙在北门模范巷，坐北朝南，大门正对县后街。庙为明代锡兰王邪巴乃那的后裔所建，系印度教寺，历代有修缮。1995年重修，歇山顶，庙深 22.8 米，宽 20.6 米，总面积 420 平方米。庙的主要建筑有大殿、东廊。大殿面阔三间带两廊，进深四间，奉祀毗舍爷、杨六郎、玄天上帝、田都元帅、文昌帝君。庙中有两方复制的印度教石刻（原件现存海交馆）。

1925 年，泉州地方文史工作者吴文良发现白耇庙焚纸炉上砌着两方印度教石刻。1930 年，厦门大学国学研究院德国学者艾克和瑞典学者戴密微到泉州，特地考察了这两方石刻，并断定石刻内容是古代流行于锡兰的印度教神话故事。吴文良结合自己多年来的调查，得出"泉州白耇庙可能是一座锡兰人兴建的印度教寺庙"的结论。

近年来有人认为，白耇庙所发现的两方印度教石刻，与开元寺、天妃宫的印度教石柱，开元寺狮身像及泉州城其他地方所发现的印度教石雕刻一样，为元代印度人圣班达·贝鲁玛获元廷恩准在泉州所建印度教寺庙构件，不足以作为白耇庙是印度教寺庙的依据。

白耇庙奉祀白狗。宋元前后，福建民间比较普遍流行崇祀戏神田都元帅与狗舍爷的现象，泉州民间信仰寺庙中也有崇拜狗舍爷的。至今闽台仍不同程度地流传着"狗公"或狗神崇拜习俗。白耇庙应为泉州民间信仰庙宇。

3. 南安石井烟楼公宫

烟楼公宫位于石井澳烟楼山，庙前镌刻对联："济世悬壶东瀛客，伏波荡寇石井津。"每年三月二十六日举行祭奠、演戏、放焰火等活动。至今正月十五石井诸神巡境，其中必有烟楼公神辇。

明嘉靖年间，倭寇经常侵扰晋江安海、南安石井一带。为防御倭寇，沿海山冈建烟楼，以烽火为号，一方有警，四乡支援。有位"倭官"——日本舶主，平时与村民和善相处，他反对并制止倭寇侵扰残害村民。嘉靖二十七年（1548年）三四月间，官军开赴石井澳，倭寇惊惶驾船逃遁。倭官搭船不及，奔上烟楼山，东望大海，呼号悲痛，撞地身亡。石井民众同情倭官的不幸遭遇，念其生前德惠，敬而怜之，就地建坟埋葬。传说倭官逝后，感动天地，烟楼山好像有灵性似的，以后凡有倭船侵入，石井澳烟楼山总是浓雾乍起，烟霭缭绕，四方乡邻得以及时做好抗倭准备。倭患平息后，乡里认为这是倭官的英灵保佑一方安宁，念其大德，修葺坟茔，立庙永祀，俗称"烟楼公"。

民间还有另一种版本的烟楼公传说。相传烟楼公是客居石井的日本海商，自称王福吉。他在经商之余也为人治病，且生性随和，乐善好施。日子长了，大家都不把他当外国人看待。有一回，王福吉从日本乘船来石井，到船上才知道上了倭寇贼船，这伙日本浪人准备洗劫石井。船抵岸，王福吉借口搬货物先上岸，拼命奔赴石井鳌山烟楼，谁知烟楼卫士都不知道跑哪儿去了，王福吉只好自己点燃烽火。因有烽火报警，乡里锣声大作。倭寇见有防备，急忙扬帆逃遁。王福吉想起倭寇是与自己同来的，有口难辩，不如一死以明心迹，于是投火自尽。乡人得知王福吉舍身相救，十分感动，就在郑氏祠堂旁为他立庙崇祀。因为他是被烧死的，所以神像妆成黑脸，称他为"烟楼公"。石井"和泰"（郑成功的商行号）内郑氏对"烟楼公"最崇敬，感情最笃。这可能与后一种传说存在某种直接关系。[①]

---

① 参见大里浩秋：《福建石井，煙楼公伝承考察—明代における一日本人の民間交流》，《中国研究月报》1989年12月号。

第六章

水神海神信仰

闽南滨江临海，水系发达，自古海事活动频繁。因此，官民历来虔诚敬奉各种水神与海神。

第一节　龙王爷

1. 泉州东湖福远庙

"福远庙，在三十八都城东东湖。唐乾符间建，宋绍兴八年修，十一年赐额'福远'。《闽书抄》：福远庙，龙神也。唐乾符中，僧大员筑室东湖，时有白龙出没湖中，因立庙。宋绍兴中，郡守赵意诚、傅公直祷雨有应。又，承天寺内亦有龙神庙"。福远庙址在泉州城东门外东湖公园内。

2. 泉州龙宫庙

龙宫庙位于泉州城内九一路东段南侧龙宫巷，始建年代无考。原供奉龙王，于清末改祀城隍。由于"求雨屡验，为民御灾疗病，普沾其泽，功德在民"，于清光绪十八年（1892年）敕加"昭威"封号。20世纪60年代因扩建九一路，被拆毁殆尽，1992年在原址一角落搭盖一小间延续香火。

3. 晋江龙湖龙王庙

龙湖龙王庙位于晋江龙湖镇玉湖村龙湖畔，始建于元至顺二年（1331 年）。道光《晋江县志》载："桐城之南六十里，有泽曰'龙湖'，古致雨处也。旁建庙祀神，遇旱潦，里中人祷此辄应。"南宋两度知泉州的理学名臣真得秀曾作《龙湖祷雨词》："晋之南，龙湖在焉。渊澄莹彻，周数十里。盖有神物宅其中……"宋代，晋江龙湖已是祈雨祈晴之所。

龙王庙前右壁镶嵌着一方同治元年（1862 年）所立《重修龙王庙记》石碑，碑文记载为重修龙王庙捐资的台湾鹿港、笨港行郊 11 家，深沪、龙湖、东石商号、船号百余家。其中有晋江杭柄乡鳌泉号和台郡鳌泉号，这是晋江与台湾两地股份制跨地区联营的"联财对号"（对口商号）经营形式的最好例证。

第二节　水仙王

闽南临水区域多有水仙庙，所奉祀神祇不尽相同，一般为治水或与水有关之神，如禹王、屈原、伍子胥、平浪侯晏公等。泉州有平水庙祀治水的禹王，水门巷有水仙宫。厦门鹭江道水仙宫已不存，水仙码头即因水仙宫而得名。

1. 漳州顶田霞禹王庙

闽南专祀大禹的庙宇现已不多见。漳州芗城区顶田霞禹王庙坐东朝西，硬山顶，分前后殿，前殿 30 平方米，后殿 19 平方米，殿前有拜亭，殿后有小院。拜亭是古时通广桥遗址。庙宇前面筑有宽长的屋檐，出檐配有 4.5 米宽的石水槽。建筑呈现明末清初建筑风格。庙前石柱上镌楹联："广土奏平成功同覆载，霞山神保佑泽遍苍黎"，藏头联首分别嵌入地名："通广"的"广"字和"田霞"的"霞"字。

禹王庙始建无考，嵌在后殿南墙内的清嘉庆二十三年（1818

年)《重修禹王庙碑记》,说明禹王庙古已有之。清乾隆十七年(1752 年)《重修田霞通广巷桥路碑记》和庙前的明嘉靖三十年(1551 年)《重修桥路碑记》,说明始建年代当在明代之前。

2. 泉州四堡永潮宫

永潮宫位于鲤城区南门四堡街 58 号,南向,远临溪,西面是泉州古城南薰门(水门),不远处系宋代福建路市舶司所在地。永潮宫原为永潮境境庙,俗称"四堡宫"。明代书法家张瑞图题书"慈济威灵"匾。始建年代无考,清初焚毁后重建。永潮宫原祀晏公,后改祀康王爷、刘星主。现存四进,有山门和正殿、中殿、后殿,占地面积约 400 平方米,奉祀晏公和康王爷、刘星主等神祇。

晏公"名戍仔,临江府清江镇人。浓眉虬髯,面如黑漆。……元初以人才应选入官,为文锦局堂长。因病归,登舟即奄然而逝……父老知其为神,立庙祀之。有灵显于江湖,本(明)朝诏封平浪侯"。或说朱元璋渡江取张士诚,舟将覆,为晏公显灵所救。明太祖以其阴翊海运,封平浪侯。据《敕封天后志》、《湄洲屿志略》载,妈祖收服晏公,"命为部下总管","统领水阙仙班"。泉州通淮关岳庙右落三义庙原祀平浪侯。石狮市永宁镇亦有晏公宫。

3. 泉州东街圣公宫

圣公宫位于鲤城区东街第三巷南端,坐南朝北,面对第三巷。始建不详,现存系清光绪年间建筑,有拜亭、主殿,西侧佛祖殿系近年重建,总面积 500 多平方米。

圣公宫主殿面阔一间,进深五间,单檐硬山顶,主祀昭福侯倪国忠。倪国忠相传为晋江二十八都陈江(陈埭)前社倪厝人,生于宋宝庆年间,行伍出身,护宋幼主帝昺入闽,农历八月二十一日战死福州郊外。圣公宫东西墙内壁有四幅题署清光绪十一年(1885 年)的壁画,均高 2.68 米,宽 1.63 米,分别描绘昭福侯解救皇后产厄、皇宫受灾和驱除水怪、救护船户等民间传说，颇为珍贵。

第三节　玄天上帝

　　水神玄天上帝又称"北极大帝"、"北极佑圣真君"、"真武大帝"、"元武神"，俗称"上帝公"、"上帝爷"、"水涨上帝"等。一般认为玄天上帝信仰源于古代星辰与动物崇拜之人格化。玄天上帝原型为二十八宿中的北方七宿，形象为龟蛇合体动物。根据五行五色相配，位在北方，故称玄，龟蛇有鳞甲，故称武，合称玄武。宋代，玄天上帝最终完成人格化的进程。明代，燕王朱棣发动"靖难之役"，誓师起兵时，正遇满天乌云，他附会玄天上帝显灵相助，披发仗剑装神，俨然玄天上帝下凡。朱棣称帝后，加封玄天上帝为北极镇天真武玄天上帝，大力推崇，玄天上帝信仰达到鼎盛。随着玄天上帝神格的提高，龟蛇也成为其部将。玄天上帝画像或塑像都是玄天上帝脚踩龟蛇。

　　玄天上帝被视为海神、水神、地方守护神，故闽南沿海普遍崇祀玄天上帝。据 1991 年调查，泉州市东海镇民间信仰庙宇前四位是：王爷宫 33 座，相公爷（田都元帅）庙 18 座，妈祖庙 10 座，玄天上帝庙 8 座。南靖县的调查资料是：保生大帝庙 36 座，观音佛祖庙 30 座，关圣帝君庙 27 座，玄天上帝庙 25 座，也占第四位。据乾隆《重修台湾府志》，台湾民间信仰庙宇排在前五位的是：保生大帝庙 23 座，关帝庙 18 座，观音庙 16 座，妈祖庙 15 座，玄天上帝庙 14 座。据台湾省文献委员会 1960 年调查，台湾民间信仰庙宇依次是王爷庙 677 座，观音庙 441 座，妈祖庙 383 座，玄天上帝庙 266 座，关帝庙 193 座，保生大帝庙 140 座，城隍庙 44 座，孚佑帝君庙 32 座。

　　据载，郑成功收复台湾时，供奉玄天上帝于船上，奉为保护神。入台后，郑成功即在台南东安坊建北极殿，大力推行玄天上帝信仰。诸如彰化县田中顺天宫、云林县虎尾永兴宫、嘉义北社尾玄隍庙、嘉义湖内里保元殿和玄天上帝庙、台南灵佑宫、高雄市阿莲乡北极殿、屏东九如乡北极玄天上帝庙，及澎湖马公上帝庙和北极殿，都建于此时。

此外，清代泉州沿海三邑人从晋江、南安分炉奉祀玄天上帝的庙宇在台湾有 266 座之多。受天宫位于南投县名间乡，是台湾最有名气的玄天上帝庙，系明末清初从闽南分香而来。每年农历三月初三日，除准天宫外，台湾各玄天上帝庙宇都要到宫谒拜，盛况不逊于北港朝天宫妈祖圣诞。

1. 泉州法石真武庙

法石真武庙"在泉州府城东南的石头山上，宋时建，为郡守望祭海神之所"。现存真武庙为明清建筑，由山门、扶阶、龟蛇石、凉亭、大殿等组成，占地 8000 余平方米。牌坊式山门，重檐歇山顶，高十余米，三开间，上悬"武当山"与"北极玄天上帝"匾。大门两旁墙上有清道光进士、邑人庄俊元所题对联："仰之弥高大观在上，过此以往联步而升。"山门高耸，拾级而上，行至山巅台地，有石蛰伏，状如龟蛇，石蛇逶迤盘亘在山崖边，形成天然屏障；右侧石龟背驮明嘉靖晋江县令韩岳所立楷书阴刻"吞海"石碑。碑西侧建有重檐四角凉亭一座，设计精巧。

凉亭后即为真武庙，两进，第一进为三开间硬山顶带双护厝。大门后为卷棚式拜亭，连接正殿。正殿五开间四进，歇山顶，两边回廊与双边护厝后的廊屋通过天井相通，拜亭两边亦有天井二，形成堪舆家所说的"四水归堂"格局。龟蛇奇石的自然景观，"四水归堂"的人为构筑，把北方水神真武降伏龟蛇的人文、自然景观结合得巧夺天工。

大殿正中奉祀真武大帝，两旁分立赵、康、高、马四大将，右龛奉祀境主章平侯。两侧廊中奉祀南斗星君、观音、北斗星君、护国苏夫人妈等。神龛上悬清乾隆年间福建陆路提督马负书所题"掌握玄机"匾，壁上还有郑经所题"神光普照"匾。主体建筑保持清道光重修式样。

真武庙建后，据说屡著灵异。南宋两知泉州的名儒真德秀曾亲至真武庙祈福及祈祷避免水边疫疾，《祝文》云："江湖之间，沴气易作，尚惟慈悯，弭于未然。"其青词要求真武垂怜，"需甘霖于久旷之余，全嘉谷于将枯之际"。可见与水有关的江、湖、海、农作、疫病均属真武管辖范围。

泉州法石真武殿历来为台湾信众所尊奉，在真武庙两厢房墙上满挂着十来方台湾各玄天上帝宫谒香时赠送的锦旗、木匾，表达了台湾信众的认同感。

2. 晋江深沪崇真殿

崇真殿位于晋江深沪镇阜村石璧山山麓。深沪地处沿海，历来以耕海牧鱼、航运商贾为业，对真武大帝特别尊崇。崇真殿原址在今大埕，1985 年在原址按原风格重建。崇真殿坐东朝西，面临深沪湾，隔海北望永宁、祥芝。

步入崇真殿山门，放生池正中上方屹立真武大帝铜塑像。崇真殿呈帝字形，重檐歇山顶，红瓦绿筒，鱼尾形正脊，戗脊用剪瓷粘贴青龙以及各种花卉飞鸟。檐下梁枋雕梁画栋，木斗拱、吊筒、雀替也均精雕八仙或龙凤飞鸟。沿之字形阶梯上大殿，下层居中"塌寿"内安祀披甲执鞭的灵官大帝，是为护法神。上层前殿安放一座造型生动别致的龟蛇拥抱，象征天地精灵的玄武图腾。左右配殿中塑有神态各异的彩绘三十六天将。正殿面宽五间，上方悬挂"玉虚师相"鎏金大匾。大殿八卦形藻井下为泥塑彩绘的真武大帝像，两旁为金童玉女，俗谓"周公"、"桃花女"。再旁是龟蛇二将，一黑脸一红脸，一执七星剑，一执黑色"玄天上帝"大旗。侧殿则供奉观音大士、太乙救苦天尊、四大天君等配神，与武当山有相似之处，并奉祀开山祖师胡进士。

在真武大帝塑像后龛，有一尊高 2.66 米的真武石雕像。"文化大革命"期间，真武大帝塑像被推倒时，发现其中包裹着一尊石雕像，即将它埋在八角井内，直至修复崇真殿时发现。经考古专家鉴定，为宋代文物。神像坐于石几，顶梳双髻，圆领袍服，玉带围腰，右手置扶手上，左手前盘，长袖拂地，双足精赤，神态庄严，古朴自然。有关深沪崇真殿真武大帝灵应传说很多，影响最广的要算"成鱼石"民间传说，反映了人们对真武大帝的敬仰及扬善惩恶的美好愿望。

1992 年农历九月，台北秀峰公记慈善会翁读潜一行前来崇真殿参香，并分灵往台北秀峰公记会所供奉。1998 年 12 月 30 日崇真殿重修开光大典，台湾不少宫庙组团前来祝贺。

3. 晋江安海霁云殿

霁云殿古称"佑圣宫"，因祀奉玄武上帝，又称"玄武殿"、"真武殿"。位于安海镇东北侧圣殿境，是古泉郡八都安海镇都主。相传霁云殿建于五代。闽王王审知为子治病，画祀帝君像，果见效，即令立庙祀之。明嘉靖三十八年（1559 年）毁于倭乱，隆庆年间重建。清康熙迁界遭破坏，至乾隆年间重修。

《安海志》载："明永乐初，海上浮一木，随潮而入，潮退不去，里人取以塑帝像，而金其身，灵星煊赫，遐迩瞻依。漳人盗取以去，乃以香木代之。"明嘉靖三十八年（1559 年）遭倭乱，殿毁。隆庆间，柯实卿作募疏，化蔡经地为檀越，砌三层台，构霁云殿，匾曰"武当行宫"。

霁云殿殿宇高耸，建有十八级石阶，拾级而上，顶级之高度与镇南白塔顶尖齐，为安海镇区内最突屼高耸之殿宇。清翰林庄俊元书写的柱联："元武不足当也，众星共环拱之。"

殿内有两头形态怪异的石狮，人立站在基座上。这两头石狮与平常所见石狮的模样、神态有很大差别，神情微妙，若笑若思，虽静立，却又给人跳脱活跃之感，颇似金门风狮爷。

安海霁云殿分香泉州义全宫、深沪崇真殿、南安水头上帝宫、晋江罗山梧桉节上帝宫等。还分香台湾、澳门等地。

4. 同安瑶江大元殿

瑶江大元殿位于同安西柯镇瑶头村，原名"延福堂"。清嘉庆《同安县志》记载："延福堂，在从顺里瑶江村，距城南七里许。明里人户部郎中林挺倡建，崇祀真武。……康熙初，靖海侯施琅初征台时，曾宿于庙，马秽污其宫。是夜，马足高悬，号鸣不止，琅虔恳乃宁。因默祷：'师行得捷，愿更新庙宇。'后凯旋，捐俸重建。"大元殿为砖木石结构，五开间三进，面阔 15.87 米，进深 43.8 米，具有明清两代古建筑特征，大殿至今基本保留着清康熙年间施琅扩建后的原状。2001 年，大元殿被列为厦门市涉台文物古迹。

为纪念施琅扩建延福堂的功德，取闽南话"台湾"谐音，改名"大元殿"。施琅在扩建庙宇时曾奏请康熙，得敕封大元殿为"同一武当"，并从武当山迎回玄帝香炉一对。金门现有 15 座奉祀玄天上帝的宫庙，其中烈屿（小金门）就有 6 座，西甲四乡的信众以往每三年都要组团到瑶江大元殿进香。近年，台湾中华道教玄天上帝弘道协会曾组织大型进香团到大元殿行香。

5. 厦门武西殿

武西殿位于厦门岛南端的虎头山南麓，鱼仔路头旁，俗称"水涨上帝宫"。"鹭之东南由虎头山而下数武，旧有庙，崇奉玄天上帝圣像，颜其匾曰武西殿。左建一刹，奉灵官，耆老相传，是神当水涨时祷则倍灵，因之以名水涨上帝，并以名其地焉"①。康熙二十二年（1683 年）统一台湾后，施琅奏准于东南的闽粤江浙四省设立海关，闽海关设于厦门。在乾隆四十九年（1784 年）

---

① 参见何丙仲编纂：《厦门碑志汇编》，中国广播电视出版社 2004 年版，第 347 页。

开放晋江蚶江与彰化鹿港对渡之前，只有厦门是唯一合法与台湾通商贸易的口岸。武西殿有清嘉庆和道光年间《重修武西殿碑记》两方，记载数十家捐款重修武西殿的厦门贩洋商号。

6. 永春桃源殿

永春县桃源殿旧称"真武宫"，始建于宋咸平二年（999 年）。明嘉靖三十九年（1560 年），为倭寇据占，部分遭毁，越二年又重行扩建。清初避康熙帝讳改称"桃源殿"，1934 年重修。不久，创办佛学会、慈儿院于内，并施义诊。1939 年，近代高僧弘一大师曾驻锡该宫宣讲简易修持法，一时殿堂为之拥挤。现由山门、石埕、前殿、大殿、后殿、钟鼓楼、两廊等组成。山门为牌坊式三开间歇山顶建筑，坊上书"桃源古地"。大殿中祀上帝公，殿内有明代书法家董其昌所写"玄帝行宫"及张瑞图所写"桃源古地"等名匾。

7. 漳州凤霞宫

凤霞宫位于漳州市芗城区文化街，始建于宋景祐二年（1035年），从武当山紫霄宫分灵祀立诸神，故冠以武当分镇凤霞宫之称。清乾隆五十八年（1793 年）因水患宫圮，此后多次重修。

凤霞宫坐北朝南，占地面积 1590 平方米。前为单檐歇山顶拜亭，内有石雕龙柱和凤柱各一对，青石浮雕麒麟二方，四方石柱四支。龙柱雕有盘龙卷云游动，凤柱雕有凤凰展翅欲飞；浮雕石麒麟对称而立；四方石柱上阴刻："凤藏呈祥司坎位，霞光散彩镇玄天"、"旗北真修敷世界，武当立法护苍生"等四对楹联，楷、草、篆、隶皆有。整座宫亭建筑、石雕工艺属宋代风格，精美、古朴，亭前与两侧原有跨河石板桥、幡杆台、雨亭、影壁等。

正殿三进，面阔三间，硬山顶。前殿亦称护神殿，祀哪吒、张公圣者（法主公）。二进为主殿，祀玄天上帝，俗称"上帝公"，塑像坐在神台上，脚下伏有龟、蛇各一。相传玉皇大帝令玄天上帝下凡人间收服妖魔，将坎、离化成龟、蛇伏蹑脚下。后殿为“三清殿”。凤霞宫原有20多位帝王、历史名人、学士题写的匾额、楹联。如清乾隆皇帝御笔“仁慈正烈”，弘一法师手书“崇经楼”等。宫殿西侧竖立10方清代以来重修石碑。宫后有花园和两座二层楼房：“尊元楼”为藏经之处，内祀三官大帝；1938年，弘一法师曾住锡于“崇经楼”，开讲《阿弥陀佛经》，为几十位居士授证皈依，并手书《苦乐对览表》以开示善众。

8. 漳浦旧镇甘林庙

甘林庙位于漳浦县旧镇甘林村东端，始建于宋太平兴国二年(977年)，祀北极真武玄天上帝。门悬“武当行宫”匾，三进，丁字形结构。首进五开间，次进、后进两侧壁内缩，次进为三开间，后进为假五开间，庙内共有石柱36支，整座宫庙结构奇特，规制宏伟，整体布局保持宋式，梁楹彩画保存完好，是漳浦县最大最古老的宫庙。庙内原有明漳浦知县杨遇“祷雨立应”石刻，今已不存。现存清乾隆五十八年（1793年）石碑一通，记述修庙及捐资事宜。

玄天上帝俗称“帝爷公”，甘林庙共祀帝爷公五尊，分别称大帝、二帝、三帝、四帝、五帝，神像大小依次递减。次进祀广惠尊王谢安及其侄谢玄元帅等。前门内祀三官大帝。每年正月十四日做醮。正月初五日，帝爷公下殿，巡行甘林各社，至十三日回庙上殿。十四日，道士四五人诵经做醮。据说做醮祈禳是为帝爷公“补运”。社众排牲醴供物，从早到晚。三月初三日“帝爷公生”，甘林村各社举行迎奉活动，外地信徒也纷纷前来朝拜。

甘林庙传香附近玉厝清德宫。清同治四年（1865年），以“挑瓯公”为生的玉厝村民王大松带着从清德宫分香的玄天上帝神像到台湾，在嘉义番仔沟地方建庙，即今嘉义龙安宫。

9. 漳浦杜浔正阳宫

杜浔正阳宫位于漳浦杜浔镇近城村，清代属正阳保，故名正阳宫。主祀玄天上帝，始建于清雍正年间。

正阳保是杜浔洪姓发祥地，清代正阳洪姓迁居台湾，后建立20来个村庄。因此，正阳宫不但是台湾信士膜拜挂香的祖庙，而且是洪姓乡亲谒祖会亲的联络点。近城村和正阳宫边都有洪姓祖祠。

祖籍杜浔正阳的台湾法学界耆宿洪寿南，1992年在闽南旅台同乡会庆祝成立45周年特刊《思源》上发表《我流的是漳浦血脉》，表达对祖地的怀念。1993年4月，祖籍漳浦盘龙下营的南投草屯人、乡土历史专家洪敏麟教授率草屯镇洪姓宗亲一行15人到漳浦认祖。他受洪寿南先生委托，在祭拜盘龙祖墓前，先到杜浔正阳宫，代为祭拜正阳祖宗，并拜正阳宫玄天上帝，在祖祠及正阳宫前面摄影留念。他感慨地说："台湾南投草屯镇洪姓祖祠也是这样与玄天上帝庙并列，两岸风俗何其相似，真是祖同宗，语同音，风同俗啊！"1993年12月，台湾南投洪氏家庙董事长洪丰田又率领回乡谒祖团一行23人，到近城村谒祖，参拜正阳宫玄天上帝，到盘龙下营拜祭祖墓。2000年7月12日，台北市中和县协生道教进香团一行39人，由团长许两木、道长吴旺枝率领，来正阳宫朝拜玄天上帝，团员都是清代移居台湾的杜浔一带各姓后裔，祖上移居台湾时，都携带正阳宫香火（香灰）到台湾。

10. 东山铜陵北极殿

北极殿又称"玄天上帝庙"，位于东山县铜陵镇下田街。由总兵黄廷标倡建于明成化四年（1468年），主祀玄天上帝，附祀伽蓝公和注生娘娘、注寿娘娘。建筑面积432.56平方米，坐西北向东南，有前殿、拜庭、大殿、左右厢房、走廊等。主座三开间，进深三间，抬梁式木构架，悬山顶，前殿为亭楼式。

北极殿地处城区中心，明清时期为铜山所城士庶举办善事和祭祀活动的场所，历朝皇帝驾崩，士庶丁忧国殇，也均于此设置灵堂举行祭奠，故清代曾设万寿宫。清代，北极殿亦为天地会秘密活动地点。康熙三年（1664 年）三月清兵攻入东山，杀人山积，逼逐全岛迁界，北极殿住持老和尚宁死不屈，惨遭分尸。至康熙十九年复界，头颅犹在庙中，百姓将其殓入"金斗瓮"，在前殿侧室设坛供祭。1931 年后，北极殿增祀大峰祖师、三坪祖师和华佗爷，并设置明末殉国的东山名宦黄道周、陈士奇、陈瑸、林日瑞的神主牌位。地处海边的东山真君宫曾遭台风大潮侵袭，所祀保生大帝神像也曾一度移驻北极殿。

东山铜陵北极殿是澎湖和台湾部分玄天上帝庙的香缘祖庙。自明代起，不断有人祈请北极殿玄天上帝香火到台澎各地分灵建庙。随着清代东山与台湾两地往来频繁及班兵入戍台澎，北极殿分香入台尤盛。尤其是澎湖东甲北极殿，系由明末从东山铜陵北极殿分灵入澎所建。清乾隆五十六年（1791 年），澎湖水师协标右营游击、东山人黄象新等曾劝捐重修。日本殖民统治末期，澎湖东甲北极殿被盟军飞机炸毁。1947 年，由东山人驾船奉铜陵北极殿玄天上帝金身神像入澎再布香火，又从东山购运杉材入澎修复东甲北极殿。此后，澎湖东甲北极殿香火日盛，并衍播台湾岛内。

11. 华安仙都玄天阁

玄天阁位于华安县仙都镇金面山，占地面积约 1500 平方米。玄天阁坐向东南，东有二宜楼、南阳楼、东阳楼，南有朱西庵，正面与蒋氏祖祠相对。

相传玄天上帝像自元至清坐镇于大地村金星达摩岩寺中，与释迦牟尼佛像并列。玄天上帝托梦大地村民，称道佛异源，不能同居一处，更不能道寄于佛，要求另择新所。雍正十三年至乾隆元年（1735～1736 年），二宜楼的创建者蒋士熊慷慨解囊，与乡亲一道在金面山借土地庙之地筑基建阁，将原供奉在达摩岩的北极玄天上帝移奉阁中。玄天阁历经三次维修和一次重建。

玄天阁为木构宫殿建筑，四周通廊，建筑精巧玲珑，金碧辉煌，雍容华贵。阁分两层，高 12.66 米，阁顶覆盖黄瓦屋脊鸥吻高张，饰以双龙戏珠，绘有花卉鸟兽，造型精巧，绚丽夺目，远眺如花篮。阁基以巨石垒成，四周石板为栏。正殿下祠内有圆木柱 6 根，边有圆石柱 10 根，都刻上楹联，镀上金字，更显金光耀眼。大门顶悬挂"小当山"横匾，殿堂内奉祀清水祖师、蔡妈夫人和福德正神神像。正殿供奉两尊樟木玄天上帝神像，俗称"大帝"、"二帝"。玄天上帝雕像左手撑腰、右手仗剑、足踏龟蛇。阁前放生池中因有一石龟而得名"石龟池"。每年三月初三为玄天阁大节，四方信众前往进香。

第四节　二郎神

二郎神，也称清源真君，其来历有几种说法，或以战国秦蜀守李冰父子为二郎神。李冰在成都灌县筑堤分堰，灌溉良田万顷，早有李冰治水斗杀江神神话传说，应劭《风俗通》、李昉《太平广记》将李冰传为神人。民间信仰中的李氏二郎神，是将李冰及其次子李二郎奉为水神，是驾鹰带犬的二郎神。

1. 灌口凤山祖庙

灌口宋代属同安明盛乡安仁里，元代于此设深青驿。"灌口者何？本真君著灵西川灌口县而得名也。凤山祖庙者何？明启祯间牧童常叱牛于此牧之，得一炉，镌曰李府清源真君，盖四川来为深青驿吏而道于此者"①。李府清元真君香火于是传炉灌口凤山祖庙。

凤山祖庙位于同安灌口镇（今属厦门市集美区）灌口街北侧，建于明末清初。该庙原为二进宫殿式建筑，因历史悠久，

① 《灌口凤山祖庙碑记》，见郑振满、丁荷生编纂：《福建宗教碑铭汇编·泉州府分册》，福建人民出版社 2003 年版，第 1326 页。

毁损甚多，后经历几次重修、扩修。现前殿由海峡两岸信徒集资，按清乾隆式样修葺。后殿于 1929 年由仰光同安安仁里公会捐建。

灌口凤山祖庙奉祀李府清源真君，即李冰及其次子。凤山祖庙前殿青石窗雕描绘该神来历：一老一少搏斗兴风作浪的蘗蛟；蛟龙屈服后，江上风平浪静，祥云朵朵；一老一少驾着被驯服的蛟龙，冉冉上天。

灌口凤山祖庙与台湾渊源关系密切。凤山祖庙"历年祭费，犹烦鸠集。幸台郡分炉者叠寄诸公，灌中因募定之"。目前，台湾奉祀灌口凤山庙的分香庙宇多达 160 多座。东南亚一些国家和地区，如缅甸仰光、马来西亚槟城、印尼三宝垅、泰国曼谷等地，都有灌口凤山庙分炉。

2. 长泰溪东龙锦宫

龙锦宫位于长泰武安镇溪东村龙津溪畔，建于明万历年间，坐东朝西，硬山顶，二进三开。龙锦宫建筑面积 190.5 平方米，占地面积 1980 平方米，为砖瓦木结构，分前后厅堂，中一天井，左右两侧设有侧廊。前后堂共由 12 根石柱、木梁、斗拱、瓜柱、檩支撑着屋顶。左右侧廊底层为砖柱钢筋混凝土梁架、檩木楼板组成，二层系用木柱檩架、瓦构成的一个小阁楼，阁楼四周配以镂花窗。据说是古时看守宫宇的禅房寝室，平时可观赏文昌阁及龙津溪西岸夜色风光，祭典时是司鼓弹奏的场所。该阁楼，在闽南古寺庙建筑中，甚为罕见。龙锦宫双重翘脊燕尾，主祀清元真君二郎神，配祀伽蓝公、泗洲佛祖。

长泰武安溪东村社位于龙津溪东岸，常受水患之苦。明代，有乡人外出，得知同安灌口有一尊能治水患的二郎神，十分灵验。于是将其神明及香炉分灵乡里供奉，并在溪东立庙奉祀，作为本社乡土保护神。明清时期，有长泰溪东人渡台谋生，把香火分炉到台南供奉。

3. 漳州古塘清源真君庙

清源真君庙址在漳州古塘村，俗称"古塘宫"。古塘地处漳州东北郊，北临九龙江北溪，水利设施落后，备受洪涝灾害。明景泰七年（1456 年），古塘村举人蔡靖从祖居地长泰县枋洋赤岑外宫接引清源真君香火到古塘村，后建成古塘清源真君庙，祀清源真君李二郎，作为本村乡土保护神，以祈求消除水患，合境平安。

古塘清源真君庙建于该村中心，坐东北朝西南，硬山顶，一进。民国年间大修，添建左右侧室。正殿中位置神龛二，供奉两尊清源真君神像，称"大帝"、"二帝"，配祀关帝。神座前置香案，奉祀一只木雕漆金的"金狗公"。

第五节　通远王

蜀人李元溥，相传为唐天宝年间进士。因避乱，弃官归隐，云游入闽，结庐于五台山（今南安向阳乡境内）。人询其隐居缘由，答曰："仁者乐山"，故别称五台山为乐山，称李元溥为乐山王，建庙崇祀。逐渐从山神、雨神演化成泉州最早的海神。"乐山王，古之隐士也。尝居台峰，俗谓白须公（翁爹公），升仙之后，人为立祠祀之"[1]。至元代，通远王的海神功能被妈祖取代。

1. 南安五台山昭惠祖庙

昭惠祖庙坐落于向阳乡五台山之巅，始建于唐开元初年，系泉州首任航海保护神通远王的发祥地。1997 年、2007 年先后重建庙宇，占地 3000 多平方米。

2. 南安九日山昭惠庙

九日山昭惠庙位于九日山南麓延福寺东，又称"通远王祠"。传说唐咸通年间，九日山延福寺因火灾重建，僧人取材于乐山，

---

[1]　民国《永春县志》卷二十七《流寓传》。

遇一老叟为之引路，又梦许护送。不久，果然江水暴涨，木材漂至金溪岸边。因此，新建的延福寺大殿又名"神运殿"。寺旁则另立乐灵祠，以祀乐山老叟，俗称"白须公"。蔡襄两任泉州郡守，曾经多次诣庙祷雨，据说灵验异常。乐山老叟累封崇应公、通远王、善利王，"寻加封广福显济"，赐庙额"昭惠"。至南宋，晋爵"福佑帝君"。"庙之从神，曰陈益，封仁远王；曰黄志，封辅国忠惠王"。

北宋元祐二年（1087年），设福建路市舶司于泉州。每岁夏冬两季，郡守及市舶司官员必至晋江上游发舶之所九日山昭惠庙致祭，隆重举行祈风遣舶典礼。通远王成为泉州最重要的海外交通保护神。"公有庙于寺之东隅，为州民乞灵市福之所。吾泉以是德公为多，凡家无贫富贵贱，争像而祀之，惟恐其后。以致海舟番舶，益用严格。公尝往来于烈风怒涛间，穆穆瘁容于云表。舟或有临于艰阻者，公易危而安之，风息涛平，舟人赖之以灵者，十常有八九。……吾泉以是金感公之威灵"[①]。

3. 南安英都昭惠庙

英都昭惠庙位于英都镇董山村，俗称"董山宫"，始建于清乾隆年间。英溪是晋江上游的内河驿渡。地产的丝绸、粮食、花生、薪炭、茶叶等都通过英溪运输到泉州销售及出口海外。在泉郡各沿海港口、内河驿渡码头纷纷立庙奉祀通远王时，英都地区独树一帜，从九日山昭惠庙分灵，建立以仁福王为主神的昭惠庙。宋淳祐年间，英都有两处昭惠庙，一是俗称"石吼宫"的昭惠庙（今英东村航尾溪边），一是俗称"董山宫"的昭惠庙，原址在董林溪边码头。

董山昭惠庙祀仁福王为主神，大王公（辅国忠惠王）、本官公为从神，合称"三位尊王"，七百多年来，董山宫三易庙址，

---

① 王国珍：《昭惠庙记》，见《安海志》卷二十《堂庙志》。

规模不断扩大。元代以后，妈祖取代通远王成为海神，各地昭惠庙相继式微，唯独董山昭惠庙香火更加鼎盛，信众遍及五大洲。原庙毁于"文化大革命"，遗留部分石构件，1980 年、2001 年先后于原地扩大重建。

昭惠庙每年有二次大型庙会活动。一是正月初九"天公生"夜举行"拔拔灯"，这一古老的闹灯游春活动源于古代英溪内河运输船夫的拉纤"拔船"，是闽南独特的灯会，已被列入国家级非物质文化遗产名录。二是正月十一日"割香"。

4. 惠安洛阳昭惠庙

洛阳昭惠庙位于惠安洛阳镇洛阳桥北，相传庙创始于唐初，名"镇海庵"。北宋皇祐年间，泉州郡守蔡襄倡建洛阳桥时，扩镇海庵为会所，迎九日山海神通远王为镇海神祇。故民谚"未有洛阳桥，先有昭惠庙"，且有"太守迎神"、"帝释现身"、"海神巡境"等诸多传说。昔曾环以小城，额曰"瀚甸金城"，以概江山胜景。历代均有修建，现碑记可查的有嘉靖、万历、乾隆、道光、咸丰五次。1980 年全面修复。庙坐北朝南，占地近 400 平方米，东西宽 17 米，南北进深 21 米。中轴线上自南而北依次为山门、过亭、大殿。大殿面阔五间，进深三间，抬梁穿斗式混合木构架，硬山式屋顶加两坡。庙额"昭惠庙"为清光绪状元晋江吴鲁书题。庙内外存有明清碑记九方，其中二方记述有关重修洛阳桥事。洛阳昭惠庙是惠安第一批文物保护单位。

第六节　妈　祖

妈祖，又称天妃、天后、天上圣母等，福建莆田湄洲岛（时属清源军，即今泉州）人，原名林默，相传生于宋建隆元年（960 年），卒于雍熙四年（987 年）。据记载，妈祖生前熟悉水性，勇敢善良，常救助海上渔民和商船，做过不少好事，很受百姓爱戴。死后被当地人奉为神灵，建庙祭祀。由于湄洲岛上的百姓多是渔民，所以妈祖一开始成为神灵就具备海上保护神的职能，不过最初的影响只限于湄洲岛。妈祖殁后约100年，其信仰逐渐扩大，洪迈《夷坚支志》载："兴化军境内地名海口，旧有林夫人庙，莫知何年所立，室宇不甚广大，而灵异素著。凡贾客入海，必致祷祠下，求杯笅，祈阴护，乃敢行……"北宋宣和四年（1122年），给事中路允迪奉旨出使高丽，航行途中遇到狂风怒浪，路允迪率全船人员祈求妈祖保佑，力斗风浪，平安抵达。事后，路允迪上奏朝廷，为妈祖请功。宋徽宗特赐莆田宁海圣墩庙额"顺济"，妈祖信仰得到官府承认，开始以较快的速度对外传播。到南宋绍定二年（1229年），不但在莆田有很多妈祖庙，而且"闽、广、江、浙、淮甸皆祠也"。

元代，妈祖成为漕运保护神，因此得到朝廷大力扶植。明代，妈祖还为朝廷的使节（如郑和以及册封琉球使）和水师等航海者所尊奉。明末清初，闽南粤东民众迁移台湾，船上也都奉祀妈祖神像，以保佑船上人员平安。由于妈祖的形象既不同于人面鸟身的禺虢、禺疆、弇兹，也不同于令人惊悚的海龙王，而是一位颇具慈母色彩的海上守护女神，因此，其影响迅速扩大，很快取代传统的海神，在众多的海神中占据主导地位。不但民间祭祀信奉妈祖，朝廷也派大臣礼祭，并载入国家祀典，从宋至清赐封妈祖多达28次，从"夫人"、"天妃"、"天后"，直至"天上圣母"。随着妈祖信仰日盛，其职能也不断扩大，不但沿海有人信仰，山区也有人崇拜，妈祖已经成为信徒们心目中的一位无所不管（兼管渔业丰产、男女婚配、生儿育女、祛病消灾等）的神祇。

台湾妈祖庙"以湄洲妈祖庙为本庙。本庙以外泉州、同安两妈祖庙之信徒最多"①。

---

① 新编《新竹县志》卷八《宗教志》。

1. 泉州天后宫

泉州天后宫位于泉州城南，坐北朝南，正对德济门（南门），俗称"天妃宫"。始建于南宋庆元二年（1196年），现有建筑为清康熙年间靖海侯施琅重建，占地7200平方米。包括山门、戏台、东西阙、正殿、东西廊、寝殿、东西轩、四凉亭、西斋馆及梳妆楼。泉州天后宫是建筑年代最早、规格最高、保存最完好、衍播天后信仰最广泛的一座妈祖庙。泉州天后宫大殿建筑面积636平方米，屋顶为三重檐歇山式屋顶，恢宏富丽。殿内供奉妈祖圣像。廊檐下一对透雕蟠龙石柱，雕工精致，神态逼真。殿后照壁有一幅大型壁画，描绘清代妈祖故乡湄洲概况。寝殿保持明初建筑风格，建筑面积695平方米。殿前有一对元代印度教十六角形绿辉岩石柱，各分三节雕刻，融中印艺术于一柱。泉州天后宫于1988年被列为第三批全国重点文物保护单位。

据《泉州府志》载："泉州浯浦海潮庵僧觉全，梦神命作宫，乃推里人徐世昌倡建。"初名"顺济宫"，因宋宣和五年（1123年）敕封妈祖为"顺济夫人"而得名。元至元十五年（1278年）"制封泉州神女"，并号"天妃"。大德三年（1299年），"加泉州海神曰护国庇民明著天妃"，又命翰林院拟祭文，遣官致祭。明永乐三年（1405年），郑和舟师奉使西洋，在航船后筑金屋供奉天妃。郑和二下西洋时途经泉州，遣使祭拜天妃，见宫"历岁既久，寝以倾颓"，特奏请"令福建守镇官重新其庙"。清初施琅将军奉旨专征台湾凯旋，感念天妃"涌泉济师"神功，特奏请加封天后。钦差礼部郎中雅虎等官，带御书香帛到泉州天妃宫和湄洲妈祖祖庙致祭。

泉州天后宫修复以来，台湾同胞寻根谒祖和进香络绎不绝。彰化鹿港天后宫、台北士林慈咸宫、澎湖天后宫、台南大天后宫、台南鹿耳门天后宫等数百个宫庙均与泉州天后宫保持密切来往，有的还结为姐妹宫。

2. 泉州浔埔顺济宫

浔埔顺济宫位于丰泽区东海街道浔埔村。浔埔顺济宫相传始建于明万历年间，屡经重修扩建，现基本保持清顺治十八年（1661年）重建规模。坐北朝南，建筑面积400多平方米，占地约1500平方米。五开间二进，进深四间，硬山顶。大殿正中神龛祀奉妈祖，前侍立千里眼、顺风耳，并有大妈、二妈、三妈副驾。该宫配祀观音菩萨、保生大帝、田都元帅、康王爷、夫人妈（圣姑妈）等。

传说清康熙年间，施琅将军奉命平台，水师寄碇浔埔，闻顺济宫妈祖神签灵圣，特莅宫求卜。签曰："皎皎一轮月，清风四海分。将军巡海岛，群盗望前奔。"果然东征澎湖势贯如虹。施琅凯旋后，特地于康熙二十四年（1685年）敬献"靖海清光"匾，至今高悬在浔埔顺济宫。浔埔顺济宫为省级文物保护单位。

3. 惠安沙格灵慈宫

沙格灵慈宫位于惠安南埔镇沙格村（今属泉州市泉港区），俗称"沙格宫"。沙格村与湄洲岛只有一水之隔。据《沙格王氏族谱》记载，沙格妈祖庙始建于元至正年间（或说南宋咸淳六年，1270年）。元文宗赐额"灵慈"，遂名"灵慈宫"。

现存灵慈宫为清光绪五年（1879年）重修，坐北朝南，二进，由山门殿、拜亭、两廊和大殿组成，东西宽18米，南北进深22米，建筑面积414平方米，前有大埕，总占地面积500多平方米。山门殿和大殿都是五开间、重檐歇山顶、燕尾翘脊，并装饰有色彩斑斓的剪贴瓷塑双龙和泥塑花鸟人物。第一二进之间的方形拜亭，也是重檐歇山顶，采用小如意斗拱层叠成八角形藻井承托。灵慈宫共有33对石、木大柱，有不少属清代惠安石雕的上乘之作。大殿内悬挂一方清乾隆四十七年（1782年）匾额，上书"海天元后"四字，阳文楷书。沙格灵慈宫为省级文物保护单位。

明末清初，王忠孝带领沙格王氏追随郑成功收复台湾。20世纪 50 年代，其族人在台北基隆也建造了一座灵慈宫。

4. 惠安獭窟妈祖宫

獭窟妈祖宫位于惠安张坂镇浮山村东峰境，始建于明永乐九年（1411 年）。现为三开间二进硬山顶建筑。前殿前廊石柱对联："湄屿至今歌水德，獭江终古仰神功。"大门对联："圣恩优德宜称后，母义高怀独配天。"后殿主神龛供奉三尊妈祖，即大妈（湄洲妈）、二妈（仙游妈）、三妈（下洋妈），分别从湄洲、仙游、下洋分炉而来。还供奉英烈侯、田都元帅、土地公和大夫人。村民说，殿内的妈祖都是海上保护神、东峰的境主，大妈坐镇指挥，二妈专管东峰人的喜事，如婚礼、入宅等，三妈专管东峰人的丧事，如做功德、招魂等。每年正月十六日游境，大妈才会出宫绕境散福。此外，公共祭仪就是三月妈祖诞和九月妈祖飞升日祭典。1997 年被列为惠安县文物保护单位。

5. 晋江金井天后宫

金井天后宫初名"灵慈宫"，亦称"东宫古地"，位于金井镇井尾街中段，始建于宋代。早年宫临沧海，舟楫出入金井港，里人均来叩拜祈神庇护。相传当年宋帝昰失国南奔，曾泊舟金井，驻跸妈祖宫。

现宫为近年海内外善信鸠资重修，庙立面为山字形，大殿分两层，作重檐歇山顶，殿后连接旧有梳妆楼，右侧为重建的妈祖宫，左侧为三世尊佛殿，总建筑面积 2000 多平方米。宫内高悬"东宫古地"匾，系清末状元吴鲁所题。彰化鹿港天后宫、新天极宫、福海宫、台北慈咸宫等台湾妈祖宫庙均曾组团前来结缘。2007 年 6 月，金井天后宫被列为晋江市文物保护单位。

6. 晋江东石天后宫

东石天后宫位于东石镇西尾村，由当地船东倡建于宋代。现存建筑为清代和民国时重修，由山门、两廊、正殿组成。正殿两进三开间，硬山顶，飞檐翘脊，雕塑古朴。宫内有朱熹所题书的

"帆樯织锦"匾额，并保存清道光六年（1826 年）《重兴天上圣母庙记》、光绪二年（1876 年）《重修天后庙碑》和 1924 年《重修天后庙碑》三方碑刻。其中光绪碑所记捐资的安平海关、船号、铺号多与台湾有密切的经济往来。

7. 银同妈祖宫

银同妈祖宫位于同安大同南门街，始建年代不详，清康熙年间重建，奉祀黑脸妈祖。同安东市《林氏家谱》记载，北宋皇祐年间，同安掾吏林怿从湄洲祖庙分灵本家姑婆林默神像，恭迎至城隍庙西侧本族厅堂供奉。南宋绍兴年间，黑脸妈祖被迎请至朱紫门楼（南门）内供奉，香火兴旺。后因城楼毁损，遂被请至外双溪之南奉祀。

银同妈祖宫坐北朝南偏东，临溪而建，二进三开间，带右护厝，中有天井及两侧过水廊，面宽 7.2 米，通进深 16.1 米。前殿面阔三间，前为檐廊，抬梁式梁架，三段脊。后殿面阔三间，进深 8.8 米，前有卷棚顶横廊，厅内神龛奉祀黑脸妈祖天后，悬"银同妈祖"匾，厅前一对清康熙时期石柱楹联："女中圣人牧林钟秀，天下慈母海国静澜。"

银同妈祖宫是台湾妈祖宫庙的祖庙之一：从湄洲祖庙分香的妈祖塑像脸部为肉色或粉红色，称"湄洲妈"；从泉州分香的脸部为红色，称"温陵妈"；从银同妈祖宫分香的脸部为黑色，称"银同妈"。

台湾鹿耳门天后宫与银同天后宫有着至亲关系，据说郑成功收复台湾时，部将林圯特恭请银同妈祖上战船供奉护佑。三月廿三妈祖诞辰日，郑成功大军扬帆出航。因遇大风停驻澎湖，为赶上大潮汛的有利时机，郑成功果断下令顶风进军，并亲率众将士在旗舰船首摆下香案，祈愿妈祖平息风浪保佑大军顺利收复台湾。三月三十日，船队顺利进抵台南鹿耳门海域。潮水大涨，战船畅通无阻，部队成功登陆，迅速包围赤崁城。但荷军依仗坚城利炮负隅顽抗，城堡久攻不下。郑成功派林圮潜入城内，暗中发动民众里应外合，终于迫使荷兰殖民者开城投降。鉴于银同妈祖护佑克敌，功勋显著，郑成功下令将鹿耳门荷兰教堂改建为妈祖庙，供奉银同妈祖。

清康熙二十二年（1683 年），施琅将军奉命东征台湾，又迎请银同妈祖随军护佑。后来，施琅奏请于鹿港敕建妈祖宫，专奉银同妈祖，是为新祖宫。同安籍移民于清道光二年（1822 年）在台湾府城创建银同祖庙，奉祀银同妈祖暨吴真人、陈圣王。据道光二十二年《台郡银同祖庙碑记》记载，该庙并辟室供同乡暂住，而有银同会馆的功能。

8. 厦门何厝顺济宫

何厝顺济宫位于厦门岛东部的何厝香山东澳湾，俗称"东澳妈祖宫"，面对大担岛，遥望小金门岛。相传南宋绍兴十九年（1149 年），状元黄公度将白塘圣墩的妈祖香火引入厦门，在此地建妈祖神庙，供众信徒参拜。或说明宣德六年（1431 年），郑和七下西洋，靠妈祖神助"一帆风顺"成功后，即重整庙宇，并命名为"顺济庙"。总之，何厝顺济宫是厦门岛内最早建立的妈祖庙。道光《厦门志》记载，每年农历三月二十三日，厦门岛内各妈祖庙都要到何厝顺济宫进香、请香。

何厝顺济宫原来建在香山东南侧，1998 年迁建于香山西南海边，1999 年因台风毁损，2001 年再次重建，为三开间两进建筑。庙堂前有宽阔的广场，广场前有面朝庙堂的戏台。广场左侧树立妈祖白石雕像。广场西侧靠近环岛东路，建有三门二层的燕尾翘脊歇山顶牌楼山门。顺济宫前殿开三川门，前殿后为天井，两旁为二层的钟鼓楼。后殿主神龛内供奉一尊镇殿妈祖和一尊坐在神辇中的软身天后妈祖。神案桌上供奉一尊小型的妈祖神像，左右站立着千里眼与顺风耳。神案桌前两旁，站立一人高的千里眼与顺风耳。

9. 金门天后宫

金门天后宫原名"大妈祖宫"。《马巷厅志》载：金门大妈祖庙"在金门后浦，康熙年间建"。可知该庙最初建在后浦，为后浦祀奉的五庙之一。因1949年后战事相循，旧庙圮毁，原址也作为战备工事。1991年乃觅地于莒光湖畔重建。为了与南门天后宫有所区别，以"金门天后宫"命名昔日之大妈祖宫，南门天后宫即昔日之小妈祖宫。

金门天后宫为三开间二进硬山顶建筑。前殿为天后宫，开三门，中门对联为："宫殿巍峨海晏河清崇后德，威灵显赫民康物阜沐神庥。"殿内主祀俗称"大妈祖"和"三妈祖"的天后神像，附祀注生娘娘和土地公。后殿楼房为林氏宗祠。

金门妈祖属于温陵妈系列。2011年4月，在金门县县长李沃士的带领下，金门10个妈祖宫庙到泉州天后宫进香，参与谒祖进香的金门信众是历年来最多的一次。当年6月，泉州天后宫首度护送温陵妈金身到金门巡安，并由金门各个宫庙轮流供奉。2012年3月24日，金门县妈祖宫庙联谊会温陵妈进香团赴福建泉州谒祖。

10. 金门料罗顺济庙

料罗顺济庙位于金湖镇料罗村。据该庙碑记，始建于宋宣和年间，是金门县最古老的妈祖庙。《金门志》则载始建于明初，称郑成功在此祭拜妈祖、祭江后，率军东征台湾。1983年重修，为三开间二进硬山顶建筑。前殿大门对联："顺天护国弘仁妙著崇圣德，济世佑民灵显昭应福群生。"后殿主神龛供奉镇殿妈祖，神案上还有几尊天后神像与千里眼、顺风耳、观音佛祖、中坛元帅等。附祀王公和城隍夫人等。2007年，莆田湄洲祖庙在宫前赠建一座天后石雕像，因此建了金门妈祖公园。

11. 漳浦浯屿天妃宫

浯屿天妃宫原名"和安宫"，俗称"妈祖婆庙"，始建于元末明初。据《重建天妃宫碑记》载，明万历二十九年（1601年），浯屿把总沈有容为谢神恩，重建天妃宫。天启元年（1621年）荷兰侵略者侵犯浯屿岛，天妃宫被毁。清康熙二十五年（1686年）再次重建。

浯屿天妃宫坐东朝西，为三进四殿式结构，面宽三间，进深四间，有三个天井。天妃宫前殿左右两旁立有明清时期四座石刻碑记，记载当年沈有容、陈化成等赞助修宫的事迹。

正殿神龛奉祀妈祖，两边有俗称"二妈"、"三妈"的神像，妈祖左右有千里眼和顺风耳两尊守护神。神龛上方悬挂清康熙帝御赐匾。神龛前的柱联分别为："地出灵泉润海表，天上圣母镇闽中"；"事在人为休言万般都是命，境田心造退后一步自然宽"。天妃宫外两侧各有一口井，系郑成功在1661年驻防岛上时所建的龙虎井，南侧龙井井沿已改水泥结构，北侧虎井尚保留原貌。

12. 龙海埔尾妈祖庙

埔尾妈祖庙位于龙海角美埔尾村，始建于明代。清道光十八年（1838年），台湾板桥林本源家族的创始人林平侯重建。妈祖庙坐北朝南，建筑面积360平方米，主体结构为木石结构，单檐悬山顶，上覆红色板瓦，分前殿和后殿，中有小天井。大门上悬挂着"崇德堂"竖匾。前殿面阔五间，进深三间，门拱不挑。殿廊雕龙石柱左侧镌刻"广西柳州府正堂林平侯敬奉"，林平侯敬奉的"江左名贤"横匾也保存完好。后殿面阔五间，进深三间，梁架十一檩前轩后堂式，前轩四檩卷棚，后堂五架梁，全为八角石柱，柱础为八角古镜式。神龛上悬有道光年间的"广大圆满"匾额。神龛供奉天上圣母和都天灵相，左边陪祀镇殿将军和仙意公，右边陪祀南海佛祖和观音佛祖，左右墙壁上有八大天王和四大仙姑的画像。

台北林本源家族祖籍即今龙海角美埔尾村。海峡两岸林氏宗亲交往频繁，每年农历三月妈祖圣诞日，台湾乡亲都要回祖地妈祖庙进香朝拜。1998年10月，国民党前副主席林洋港先生携家人由台湾回祖地埔尾村谒祖，并到妈祖庙朝拜上香。

13. 东山铜陵天后宫

原称"龙吟宫"，位于东山铜陵西门澳海边，为东山十大古庙之一。铜陵天后宫始建于明洪武年间，坐西南朝东北，面阔三间，进深四间，悬山顶，由前殿、大殿、两廊、厢房、牌坊等组成。

铜陵天后宫奉祀妈祖，香火承自莆田湄洲。大殿主座供奉妈祖天后，座前奉立红脸神将千里眼、蓝脸神将顺风耳。左右配祀注生娘娘与延寿娘娘。殿中左侧附祀伽蓝公，右侧附祀水仙王。左厢房后座祀十八手准提佛母，右厢房后座祀三宝佛祖，后增祀南海观世音，其玉像由五台山法师从缅甸募化而来。

明洪武二十四年（1391年），江夏侯周德兴卜地城西门外海滨建妈祖庙，称"龙吟宫"。景泰三年（1452年）起，西门澳为闽水师铜山水寨所在，水寨官兵"春秋汛守"，出戍澎湖，每于宫中祭祀祈佑。明政府后下令长戍澎湖，铜山戍澎将士便将龙吟宫香火带入澎湖并衍播入台。

明末清初，西门澳成为郑成功水师戍守操练驻地，龙吟宫为郑军所崇祀之神庙。郑成功收复台湾时，其中一路从龙吟宫前的西门澳誓师出发。

康熙二十二年（1683年）六月，施琅于东山举行祭江仪式，相传祭典即于龙吟宫举行。施琅率众将官入宫崇祀妈祖天妃，祀典毕，由蓝理领军任先锋，启驾出征。统一台湾后，施琅奏请康熙帝敕封妈祖，妈祖遂晋升"护国庇民妙灵昭应仁慈天后"，龙吟宫亦改称为"天后宫"。

铜陵天后宫广场左侧原有一座石刻旗杆斗夹，为当年征台出师祭旗所筑。今宫内跨院当中犹存一座御赐石拱桥，俗称"圣旨桥"，为礼部郎中雅虎到天后宫宣读圣旨敕封妈祖时所建，并于此宫大门前两边立石鼓安放皇档，规定凡晋谒天后，至宫前，文官下轿，武官下马，一律从两边仪门入宫，并从左右廊跪叩进殿，不得从跨院正中踩踏"圣旨桥"入内。康熙帝还钦赐于天后宫前建立华表，以表彰妈祖贞节德勋。

康熙三十四年（1695年），铜山千户苏经于西门澳左畔澳雅头募建明德宫；康熙四十年，民众又于南门澳角尾港边募建福兴宫，皆从铜陵天后宫分灵奉祀天后妈祖，以庇佑各澳头商渔船出海平安福祥。故俗称天后宫为"大宫"，明德宫为"下宫"。

14. 南靖梅林天后宫

梅林天后宫位于"土楼之乡"南靖梅林镇梅林村，坐东北向西南，由前殿和后殿组成，总占地面积约1500平方米。前殿单层砖木结构，祀关帝，始建于明崇祯年间。后殿为双层楼阁式悬山顶建筑，底层祀保生大帝和观音佛祖，二层祀妈祖。2014年，被列为福建省第七批文物保护单位。

南靖梅林地处深山，并不沿海，百姓日子过得很苦。为养家糊口，梅林村村民很早以前便结伴到南洋当苦力或经商，该村分布世界各地的侨胞有两万多人。海上风大浪急，旅途险恶，于是，留守家园的村民便从莆田湄洲岛请回海上女神妈祖到山里供奉祭拜，祈祷妈祖保佑亲人平安，同时寄托对海外亲人的思念。久而久之，妈祖便在山里"定居"。每年妈祖诞辰日，梅林、积排、下坂等自然村都会举行独具特色的土楼"妈祖节"，至今已延续300多年。

第七章

医神信仰

闽南医神信仰主要有两个来源：一是中原传入的神农大帝、黄帝、伏羲、扁鹊、华佗、葛洪、孙思邈、吕祖、王母娘娘等医神；二是土生土长的医神，有些僧尼道士因精通医术也被百姓奉为医神。

第一节　华元仙祖

东汉名医华佗，又名旉，字符化，沛国谯（今安徽亳州）人。精内、外、妇、儿、针灸各科，尤擅长外科。对"肠胃积聚"等病创用麻沸散麻醉后施行腹部手术。并创五禽戏，强调体育锻炼，以增强体质。后因不从曹操征召被杀。至迟到隋唐时期，华佗已被尊奉为医神。

仙祖庙在漳州市龙文区蓝田湘桥村，始建于明末清初。奉祀华元仙祖华佗。占地近一亩，坐东北朝西南，悬山顶。二进，一天井，面阔三间，进深三间。陪祀水仙尊王、关帝和蔡妈夫人、夫人妈。前殿供奉伽蓝爷和土地神。正殿悬挂"声灵赫濯"、"仙方妙著"二匾。"仙方妙著"匾为台湾水师名将王得禄敬赠。传说王得禄早年父母双亡，由兄嫂带大，视嫂如母。嘉庆年间，兄嫂得腹胀怪病，百般治疗均未见效。王得禄十分焦急，部下告知龙溪湘桥仙祖庙药签灵验，便派亲信到仙祖庙求神问药，果然药到病除。王得禄亲题"仙方妙著"，并亲自从厦门乘船到湘桥仙祖庙赠匾答谢。

第二节　圆山仙祖

圆山仙祖为漳州本土医神，相传为东汉民间名医，神迹大显于唐代，遂为一方医神。宋熙宁七年（1074年），敕封其为通应侯。宣和四年（1122年），敕改祠为昭仁庙。绍兴十二年（1142年），增封康济侯，庆元六年（1200年），增封昭仁侯。

岱仙岩俗称"大仙岩"，位于龙海九湖镇，始建于唐乾符间，漳州刺史黄碣扩建，奉祀圆山仙祖，即康长史。

岱仙岩背枕圆山，面向西溪，坐西朝东，二进，单檐歇山顶，面阔三间，中有天井，左右有厢房，建筑面积700多平方米，保留唐以来的面柱础、庙基结构和历代石雕、木雕。前殿为康长史祠，正中神龛供奉康长史神像和神牌。神牌正面题刻："宣封护国圆山康济侯之神"，背面题刻："崇祯八年杨宗寿喜舍龙牌一座"。上悬"放大公明"匾。另有乾隆年间乡人蔡廷圭敬题祠联。后殿供奉三宝佛、南海观音、弥勒佛、地藏王和韦驮、护法、十八罗汉、伽蓝、注生娘娘等。

第三节　保生大帝

北宋闽南名医吴夲，字华基，号云衷，是闽南地区最有影响的医神。北宋太平兴国四年（979年）三月十五日，吴夲生于同安积善里白礁社。吴夲一生"不茹荤，不受室，业医济人无贵贱，按病受药，如矢破的，或吸气嘘水以饮，虽奇疾沉疴立愈"。

景祐三年（1036 年）五月初二，吴夲上山采药救人，不慎跌入悬崖去世。吴夲殁后，"乡人祠祀之"。南宋绍兴二十一年（1151年），尚书颜师鲁向朝廷奏请立庙，乾道二年（1166 年）梁克家知乡贤吴夲"其事甚详，故特请诏，于是赐名'慈济'"。此后，代有封赠。民间习称吴夲为"保生大帝"、"吴真人"、"大道公"，泉人更以地名习称"花桥公"。

现存最早记载吴夲生平事迹的是南宋嘉定十二年（1219 年）前后漳州龙溪进士杨志撰《慈济宫碑》（立于青礁慈济宫）和泉州庄夏撰《慈济宫碑》（立于白礁慈济宫）。杨碑云："侯（指吴夲，时被敕封为慈济忠显英惠侯）弱不好弄，不茹荤，长不娶，而以医活人，枕中、肘后之方，未始不数数然也。所治之疾，不旋踵而去，远近以为神医。既没之后，灵异益著。民有疮疡疾疢，不谒诸医，惟侯是求。撮盐盂水，横剑其前，焚香默祝，而沈疴已脱矣。乡之父老私谥为医灵真人，偶其像于龙湫庵。谨按谱牒，侯姓吴，名夲，父名通，母黄氏，太平兴国四年三月十五日生，仁宗景祐三年五月初二卒。"

庄碑曰："按，侯姓吴，名夲，生于太平兴国四年，不茹荤，不受室，尝业医，以全活人为心。按病投药，如矢破的。或吸气嘘水，以饮病者，虽沈痼奇怪，亦就痊愈。是以疠者、痈者、疽者，扶舁携持，无日不交踵其门。侯无问贵贱，悉为视疗，人人皆获所欲去，远近咸以为神。景祐六年卒于家，闻者追悼感泣，争肖像而敬事之。"

青礁（今属厦门海沧区）建庙后，由于香客队伍人山人海，当时地方上又分派别，常为进香闹事，因此在吴夲出生地同安积善里（今属漳州龙海角美）另建一座白礁慈济庙，划归泉州府五县百姓谒祖进香，青礁慈济庙专供漳州府七县百姓谒祖进香。后又在后山尾建慈济南宫，在温厝长园建慈济北宫，形成慈济祖宫群。随着各地广建庙宇，吴夲的影响迅速扩大，"不但是邦家有其像，而北逮莆阳、长乐、建、剑，南被汀、潮以至二广，举知尊事，盖必有昭晰窦漠之间而不可致诘者矣"。据杨碑载："数十年来，支分派别，不可殚记。其有积善里曰西庙，相距仅一二里。同安晋江，对峙角立；闽莆岭海，随寓随创。而兹庙食（指青礁慈济宫）实为之始。自经始至于今，登载弗具，议者以为缺典。同安旧有记，故治中许衍作温陵之庙。"黄家鼎《马巷集》考证宋代慈济宫："一时庙食遍于郡邑，泉郡善济铺之有花桥庙，漳郡上街之有渔头庙，同安白礁乡、龙溪新岱社、诏安北门外各有慈济宫，海澄青礁乡有吴真君祠，皆建于宋。长泰治东龙津桥畔之慈济宫，南安治南武荣铺之慈济真人祠，皆建于元。"

由于吴夲声名日益显著，其职能大大地扩延了，从医神逐渐朝着消灾除患、无所不能的地方守护神方向演化，各种有关的神话传说应运而生。吴夲原有的祛病愈疾职能不但继续保留下来，而且由于其职能的多样化，反过来大大地强化了其医神地位。

明清以来，保生大帝信仰达到鼎盛，神格进一步提高。明朝敕封吴夲昊天金阙御史慈济医灵冲应护国孚惠佑普妙道真君万寿无极保生大帝。在闽南人心目中，保生大帝与关帝、妈祖一样高尚。诸神出游时，多数神灵乘坐四抬轿子，而关帝、妈祖、保生大帝等少数神灵则是八抬大轿。关帝、保生大帝的信徒最多，"灯牌以数千计，钟鼓架、香架以数百计，火炬亦千百计"。随着闽南人迁台，保生大帝信仰传入台湾，逐渐成为台湾最有影响的神灵。

1. 白礁慈济宫

白礁慈济宫位于龙海角美白礁村。始建于南宋绍兴二十一年（1151 年）。1989 年，由台湾保生大帝庙宇联谊会会长周大围先生等捐资重修。1996 年被列为第四批全国重点文物保护单位。

白礁慈济宫占地面积 5000 多平方米，建筑面积 1915 平方米。依山递高，层楼迭展。中轴线上自西南而东北依次为前殿、天井、月台（祭台）、正殿、后殿。天井两侧为双层钟、鼓楼。前殿为二层楼阁式，单檐歇山顶，上覆红色板瓦和琉璃瓦。一层面阔十一间，进深三间。宫开五门，两旁为文武朝房。二层面阔五间，进深三间。上层用木柱，下层用花岗岩石柱支承，梁架抬梁式，门廊竖有六根青褐色花岗岩雕蟠龙石柱。中门两侧有紫铜色石狮一对。左右两侧四根方形石柱上，分别镌刻"保生慈济"冠头竹叶联："保我德无量，生民泽利畏"与"慈心施妙法，济众益良方"。天井中有上下双重须弥座构成的石砌月台，上刻飞天乐伎、双狮戏球等浮雕纹饰。台上雕制着前置蹲踞状石狮一只，据说是皇帝母后赐赠，称"国母狮"，狮右前肢举握一方印。这些雕刻均出于南宋绍兴年间民间巧匠之手。月台前有一龙泉井，水质甘醇，久旱不涸，台湾乡亲亲切地称为"思源井"。大殿正中悬挂"道济苍生"匾额，神龛联为："圣德渊深引线提针医国母，神庥泽溥烧丹炼药拯生灵。"神龛奉祀保生大帝塑像，陪祀东圣侯、西圣侯、三将军、先生公，太上老君、张圣者。据说东、西圣侯是当年建筑慈济宫的监工钦差大臣。两侧墙壁供有三十六神将。供桌上摆着一个古老的炼丹炉，据说是当年保生大帝采药炼丹的铜炉，已有千余年历史。顶部"鸡罩顶"藻井，由木斗拱层层垒叠而成。后殿供奉保生大帝父母神像，配祀观音、善才、龙女、韦驮护法、王公、大妈婆、大使哥和注生娘娘等神明。

相传南明永历十五年（1661年），白礁一带300多青壮年组成忠贞军，担任郑成功收复台湾的先锋部队，出征前祈求保生大帝随军护佑，并于三月十一日率先在台南学甲安全登陆。为答谢保生大帝神恩，白礁子弟在台南学甲镇将军溪畔，仿故乡白礁慈济祖宫的样式兴建学甲慈济宫，将从白礁宫带去的二大帝神像供奉其中，成为台湾各地奉祀保生大帝庙宇的开基祖庙。每年三月十一日，台南学甲慈济宫都要举行"上白礁"谒祖祭典，各地信徒都要抬着保生大帝神像到学甲慈济宫进香，并举行传统民俗活动，历300余年从不间断。台南学甲慈济宫故有对联："气壮乎天万众同参学甲地；血浓于水千秋不忘白礁乡。"

2. 青礁慈济宫

青礁慈济宫位于厦门海沧区青礁村岐山东鸣岭。北宋景祐三年（1036年），吴夲去世后，群众在他炼丹之地青礁龙湫坑建造龙湫庵，是为慈济宫之始。

南宋绍兴二十一年（1151年），高宗赐建"五殿皇宫式"大庙，名为"青礁龙湫庙"。乾道二年（1166年），赐庙额"慈济"，称"青礁慈济庙"。淳祐元年（1241年）下诏"改庙为宫"，由此称之为"青礁慈济宫"。

青礁慈济宫中轴线为三进宫殿式庙宇，两旁左建魁星楼，右建武圣楼。前殿为二层楼阁，重檐歇山顶，底层面阔五间，进深两间，上层面阔五间，明间次间进深三间，稍间进深六间。仅宫殿建筑总面积就达6332平方米，殿宇自前而后递升五个层面，蔚为壮观。整座宫殿由数十根巨大的石柱支架着，其中12根蟠龙大石柱，为福建古建筑中所罕见。彩绘秀丽雅观，其中最珍贵的是黑底金画。钟鼓楼上的木拱结构形如蜘蛛网。以人、兽、鸟、花层层套成，轻巧美观。椽子上的黑白画，据说来自唐伯虎的颜料配方和画法，不受虫蚀，颇具文物价值。宫殿脊饰华丽，前殿正脊呈柔和曲线，脊端上翘，颇有凌空欲飞之势，脊饰飞龙走兽，绚丽多彩。

20世纪80年代以来，青礁慈济宫在台中元保宫等台湾保生大帝庙宇的支持下进行修建，保存清代木质结构基础。青礁慈济宫还完整保存有清康熙、嘉庆、咸丰、光绪等朝重修碑记。1996年被列为第四批全国重点文物保护单位。

3. 泉州花桥慈济宫

花桥慈济宫又名"真人庙"，俗称"花桥坛"、"花桥宫"，位于泉州鲤城区中山南路。据清陈步蟾《重修花桥庙记》，此地古为花市，八卦沟上架有石桥，"桥上有坛，夏暑雨、冬祈寒，贸易者赖之"，故名。花桥宫始建于南宋绍兴年间，祀北宋名医吴夲，即保生大帝，俗称"花桥公"。

宋明道二年（1033 年），泉州瘟疫流行，吴夲至泉州行医救人，全活无数。花桥宫为泉州人许衍所建，庙址即为吴夲当年行医寓所。花桥宫坐西朝东，三进，由门厅、大殿和赠药义诊楼组成，建筑面积 800 多平方米。门厅为牌楼式，墙主体由花岗岩筑砌而成，上有浮雕，大门两侧各有六角形石窗一个。大门上嵌明代书法家张瑞图题写"真人所居"石匾额。大殿面阔三间，进深五间，硬山顶，抬梁式木构架。殿前上方悬有元代大书法家赵孟頫所书"慈济宫"匾。殿内上方悬挂有"花桥宋庙"绣帐，正殿中祀保生大帝。殿内设有药签供信众卜求。第三进为赠药义诊楼，系 1991 年由台湾信徒捐资重建。一楼设赠药处，常年聘请名医坐堂义诊。

明代泉郡一带疾疫流行，本着保生大帝济世救人的宗旨，泉州乡绅商贾联合在宫中成立泉郡施药局，进行制药、赠药善举，以救一方之难。清光绪四年（1878 年）设赠药义诊所，光绪六年改名"泉州府施药局"。光绪二十三年，成立花桥善举公所，办理赠药、义诊、平粜、发放度岁钱粮、紧急救灾等善举。1985 年3 月，花桥宫恢复义诊，成立花桥赠药义诊所。所需资金、药材均由信众捐赠。1988 年 2 月，台湾屏东县谒祖进香团抵泉州花桥慈济宫，对花桥赠药义诊所发扬保生大帝"业医济世"的美德深为叹服。1989 年 4 月，台湾学甲慈济宫董事长周大围等至花桥宫，对赠药义诊所百余年来持之以恒的医风医德击节称赏。1990年 5 月，周大围先生又率领台湾保生大帝进香团一行 437 人至泉州花桥宫参谒，义诊所为进香团义诊 69 人次，当场有 75 位台胞为赠药处捐资。1991 年 11 月，由周大围先生独资捐建的义诊楼竣工，翌年2月落成典礼。

4. 泉州真济亭

真济亭俗称"仙姑亭"，位于市区花巷中段，是南宋两知泉州的真德秀所建，"真济亭"匾额亦为其所书，字迹清奇古朴。"真济"后成为花巷铺境名。仙姑亭坐西朝东，占地约133平方米，为二进单开间歇山顶，燕尾翘脊。二进正厅中奉祀鄞仙姑，头戴凤冠，危坐御辇。

鄞仙姑，也称鄞小娘，南安丰州人，生前在泉州府城花巷一带行医，善于治疗妇科诸疾病。传说宋太后患乳疽，四方求医无效，后经鄞仙姑治疗痊愈。皇帝敕封为太乙仙姑，真德秀亲自撰联："愈母后痈疽，帝中简命；悯婴儿苦厄，天乙受经。"

随着保生大帝信仰的发展，他的侍神也多了起来，杨浚《白礁志略》所列神谱，鄞仙姑也在麾下，成为保生大帝亲传女弟子。古代男女授受不亲，保生大帝行医妇科多有不便，有鄞仙姑配合、辅佐，遂使济世救人的医疗体系更为完善，鄞仙姑也随保生大帝英灵一起享受人间香火。人们只知道鄞仙姑配祀于保生大帝，却长期不知花巷有专祀鄞仙姑的庙宇。

5. 安溪石门玉湖殿

玉湖殿位于安溪感德石门村，始建于宋代，清康熙年间迁建赤血仑，1984年乡人集资于原址重建。玉湖殿坐北朝南，面阔、进深各三间，重檐歇山顶，抬梁式木结构，保留明清时期建筑风格，尚存宋代柱础等，为省级文物保护单位。殿中悬挂"真人古地"匾额。殿中塑像头插金花，身着凤披，五缕长须，这种保生大帝塑像造型为此地独有。殿中刻有早年的对联："保佑家邦大道洋洋光相宇，生成民物帝恩浩浩达九霄。"

6. 南安武荣慈济宫

武荣慈济宫位于南安丰州（旧称武荣州），始建于元代，是南安最古老的保生大帝宫庙。由山门、天井、拜亭、正殿、后殿组成。大门上悬"应魁慈济"匾额，系张瑞图手笔。大殿曰"宝珠殿"，正中供奉保生大帝神像，殿柱有清代进士庄俊元题联："恒久而不已者道，天地之大德曰生。"殿两侧有明万历三十年（1602年）、清顺治二年（1645年）碑记二方。后殿奉祀保生大帝父母。

7.晋江深沪宝泉庵

宝泉庵地处晋江深沪之滨。宫旁一口井，因水甘且久旱不枯，名宝泉，遂以之为庵名。庵左无蚊蝇，传为唐罗隐所谶，闻名遐迩。宝泉庵始建于唐末或宋初，现为五开间三进，"宝泉古地"石门额上方再悬"宝泉庵"横匾。殿内有台湾学甲慈济宫所赠"德布闽台"，新加坡宝泉庵敬献"闽台医圣"等匾额数十方。大殿正中供奉保生大帝软身塑像，旁有赵、康二元帅拱手恭立，神案上供黑虎大将。左侧奉祀大道公（保生大帝），旁边供奉观音。右侧奉祀境主公、广泽尊王等。

宝泉庵最负盛名的是东轩奉祀的大道公。其神像不是从白礁祖宫分灵而来，而是从台南学甲慈济宫分灵的。据说清咸丰十年（1860年）初秋，深沪协庆号商船船员到学甲慈济宫保生大帝神前叩答神恩，并祈示返乡日期。然神示当天不得西渡海峡回乡，船员乃尊神旨意。果然是夜风浪大作。协庆号遵神意三天后启航，平安返抵深沪。事后，协庆号船员倡议恭迎学甲保生大帝神像来深沪供奉，得到众人响应。计议后到学甲慈济宫叩求神恩允准。但庙祝不肯，几经周折，终于用调包计迎来学甲慈济宫保生大帝第三尊副驾，由协庆号迎驾深沪，择吉置于宝泉庵东轩。是年，又从学甲慈济宫陆续求得内科、外科、儿科、眼科等药签324方。清末民初，又有人献出跌打药方。由于处方独特，患者往往花小钱治大病，因此每日各地到宝泉庵求医之人络绎不绝，每年取走药签处方数万张。正如大殿对联："大显赫德善成正道，真神医良方救万人。"深沪宝泉从台南学甲慈济宫分灵已一百余年，1999年11

月 20 日，深沪宝泉庵特发起纪念活动，举行盛大庆典，台湾保生大帝庙宇联谊会和学甲慈济宫组团百余人前来庆贺。

8. 晋江东石鳌头慈济宫

鳌头慈济宫始创年代无考。清乾嘉年间重修。现存道光十年（1830 年）重修碑记一方，记载建宫本末。20 世纪 90 年代，归侨黄书镇、台湾东石乡光天宫董事黄秀峰和乡人捐资重修。占地 399 平方米，二进三开间，硬山顶。大门上嵌"慈济宫"石匾，左边门上方嵌刻"真人所居"石匾，系仿刻张瑞图书，右边门上嵌有"鳌头古地"匾额。大殿有柱联曰："石井金门朝庙宇，罗裳紫帽整衣冠。"

9. 同安白石玉石宫

同安白石（今属厦门集美后溪镇）有一座玉石宫，始建于明正德年间。该宫坐北朝南，面宽 10.6 米，进深 18 米，占地面积 250 平方米。穿斗式砖木结构，屋顶为双翘脊硬山顶，前后两殿式，中有过廊相连。正殿祀分灵自白礁慈济宫的保生大帝。现存明代花岗岩石雕龙柱、石鼓及石刻门联："迹起白礁神医秘传一线，宫成玉石帝泽普济群生。"还有清嘉庆丙寅年（1806 年）款石香炉。

清道光十四年（1834 年），白石村民连文焕与母亲、兄弟等人渡台。道光十九年，连文焕于回大陆祭拜先父之际，迎请玉石宫保生大帝分身"三爷"返台供奉。连氏本家宗亲尊称其为"老祖"，在淡水河口的八里坌也建了一座玉石宫，由连文焕派下五大房轮流供奉。1999 年淡水八里连氏捐资重建白石玉石宫，并多次捧着"三爷老祖"神像回白石玉石宫谒祖请火。

10. 平和坂仔心田宫

心田宫位于平和坂仔镇心田村。据《赖氏族谱》记载，元末至正年间，心田赖氏始祖卜隆公自诏安官陂霞葛心田将保生大帝香火迎奉到现心田村立庙奉祀。明天启年间，心田赖氏后裔人丁兴旺，择地卜建心田宫。该宫屡有重修，1984 年重建。主庙坐西朝东，二进，进深 16.5 米，面阔三间，宽 17 米，总面积 280.5 平方米。

农历二月初一、初九和七月十五日，心田宫都举行隆重祭祀。二月初一，前往青礁慈济宫割香。二月初九迎神，则是邻近五六个乡镇群众喜闻乐见的盛会。因此俗称："二月初九双溪圩，不去后悔到明年"。农历七月十五中元节，心田十三甲轮流在心田宫前举办中元醮会，热闹非凡。

11. 平和崎岭天湖堂

天湖堂原称"庵寨庙"，建于元至元五年（1339 年），址在平和崎岭南湖村境内，背靠双飞鹰山，面临南湖溪水。

天湖堂主祀保生大帝。因地形像月琴，自古称为"琴地圣迹"。明崇祯四年（1631 年），著名学者黄道周游览此地，题写"月到风来"匾额。天湖堂至今仍保持元代始建风貌，主体建筑群为二进皇宫式庙宇，坐西朝东，建筑面积 960 平方米，分为上厅和下厅，天井宽敞明亮。

每年正月初五，是一年一度天湖堂保生大帝出巡日。人们用大轿抬着保生大帝，到各村社轮流巡视，持续七日。每到一社，锣鼓喧天，彩旗飘扬，家家户户备下祭品奉敬，感谢保生大帝功德，祈求来年风调雨顺，人寿年丰。是夜搭台演戏，神人同娱。到正月十二日，各社善信士女，身着节日盛装，组成龙狮队、彩车、锣鼓队伍，浩浩荡荡欢送保生大帝回殿。每年农历三月十五日保生大帝诞辰日，群众备下全猪或猪头、三牲、米粿等祭品，前来天湖堂奉敬保生大帝。是日，人山人海，热闹非凡，朝拜者万余人。晚上还会在广场连续演戏两夜，以表庆贺。清光绪三十四年（1908 年），江西龙虎山天师府 63 代天师张恩溥来天湖堂挂"护佑生灵"匾，并赠对联："护国安邦振护佑，生民苦难济生灵。"

12. 南靖和溪慈济行宫

　　和溪慈济行宫位于南靖和溪镇北，坐东南向西北。宫中保生大帝神像雕于宋末元初，为闽南最古老的保生大帝雕像之一。宫中尚存元至元九年（1272 年）匠人许德兴铸造的铁香炉一座。

　　宋末元兵南下，景炎二年（1277 年），丞相文天祥率勤王义军由江西赣州移师漳州，至龙岩湖村，相传闽南籍士兵将慈济祖宫保生大帝祖像抬到和溪驻营地，在今林中村许塘埔建筑慈济行宫供奉，作为保护神。和溪文天祥驻兵故垒遗址至今尚存，人称国公亭。

　　慈济行宫民俗活动丰富多彩。农历十二月下旬，四乡居民争请保生大帝、龙显岩观音和各庵神像到家中，宰猪做粿办荤素供席，请师公（道士法师）设醮祈安谢愿。正月初八、初九，居民行古春祈，由首事向居民募款，宰猪办祭品请师公在宫中安坛做梅花醮。祭后，首事和家长们在宫中设席聚餐，谓之"散缘"。正月十四、十五日庆上元，众首事备办牲酒果面和荤素供席，请师公在宫中为三官大帝祝嘏。居民或带家中男孩常穿的外衣请师公在衣背上盖上张天师法印，另乞黄符数张带回给小孩佩带，以保一年无厄病痛。正月十五元宵夜，居民各备炮烛、酒菜、红柑、蛋等进宫庆赏花灯。由总理按祈求者题名，在神前卜圣杯分发灯盆上的纸塑人物、鸟兽和花朵。最后集中参拜者的酒菜会餐，品评谁家主妇烹调的菜肴最可口。锣鼓、鞭炮声、焰火伴随欢呼笑语喧闹一时。

　　个别年份，于立春后夜间，民众会抬保生大帝和各庵庙神辇，举行迎椪仔灯和火炬游行。游乡过社，经行田野，远看像条条火龙在夜空中起伏飞舞，形成奇特夜景。秋收过后，居民仿古秋报，由众首事分头募款，宰猪办祭品，请师公在宫内安坛做三朝醮。同时兼庆下元，答谢三官大帝。演戏三天，至为热闹。祭后，凡捐资助祭民户，按金额分给胙肉，谓之"散福"。

　　每年三月十五保生大帝诞辰，林中、林坂两村居民分大宗、竹林、西洋、南邦四甲，轮选炉主，俗称"做厾头"。凡轮值炉主的，大都宰猪盛办祭品和寿龟、寿糕，迎请保生大帝驾临家中祝嘏。由师公主持祭拜，并在本甲内各居民点绕境游行，在神前搭台演戏，设宴招待亲朋好友。本甲内各户另备寿龟、寿糕参拜。家有儿童的，或用红线穿铜钱，银链接银牌、银锁在香炉上绕圈后取给小孩带在胸前，俗称"换贯"。部分居民集资组织龟会，蒸制一二百斤重的糯米大寿龟，抬送至神坛参拜。庆诞过后，全社各户包装糯米糕块或糖蒸米糕分送亲友，俗称"过三月半"。

每十年逢天干甲、乙、丙年份，连续三年各举行为期五天大规模打醮香会。时间和总理、首事以及进香团人员，均事先在大帝神前卜圣杯确定。届时在慈济行宫前广场搭临时庵寮，寮前建彩楼高三丈余，彩楼前横列三座戏台，分演芗剧、潮剧、汉剧，连续五天。香会第一天，旌旗、仪仗迎请保生大帝和全社各庵庙神像进庵寮。全社男女开始持斋吃素。第二天，到青礁、白礁慈济祖宫和龙岩天宫山以及漳州、漳浦等处观音、玄天上帝、哪吒、伽蓝诸神像香火源地进香。第三天，轿抬各庵庙神像到和溪圩头大埔建临时庵寮，由师公设祭遥请。第四天，各路进香队各挑香火回来。全社男女多半出动，轿抬保生大帝和诸神像到圩头埔迎接。仪仗旌旗锣鼓开道，师公和耆老、执事、香炉队、宫灯队、马队等随行，另有四平锣鼓、吹奏、清唱、艺棚、狮队等穿插在神轿间，形成首尾数里长阵。各路进香队抵达庵寮后，由师公主持香火交接拜祷仪式。此时，各清唱队、舞狮队在圩埔上进行曲艺和武术表演。之后，仍以盛大阵容拥簇神驾进行绕境游乡。所到之处，居民争先在房前、路口摆香案迎接，万人空巷，夹道围观。第五天，宰猪备酒席，由师公带领首事人等安香谢醮。而后，锣鼓、仪仗分送保生大帝、观音等诸神明各回宫庙。各宫庙挂上门帘，由庙祝日夜看守，十二日内禁止入内参香，只能在帘外叩拜，防止香火被窃。全社恢复荤食。

第八章

财神行业神信仰

　　财神是各行各业共奉的神祇，民间广为崇祀。在所有行业神中，戏神是与民间信仰关系最密切的一种。每逢神诞，闽南民间信仰宫庙都会演社戏，既娱神，也娱众。

第一节　财神爷

　　财神分为文财神和武财神。文财神据说是商朝忠臣比干，武财神有道教的玄坛元帅赵公明或三国时的关羽等。民间认为赵公明是玉皇御封的财神，专司买卖求财，纳福降祥，神通广大。泉州人对他顶礼膜拜，旧时泉州奉祀赵公元帅的宫观不下十座。

　　1. 泉州古榕宫

　　古榕宫位于泉州市区古榕巷西段，坐西朝东，二进三开间，砖木石混合结构，占地面积约 300 平方米。宫前沟上铺石为埕，宫埕对面照墙。正中一堵约 6 平方米，用红陶砖组雕一只麒麟，镶嵌在粉壁上，作步云回首盼状。左右两小堵各嵌砖雕组拼的灵芝、小鹿、牡丹、仙桃树，树上一只小猴欲摘仙桃，形象逼真，活泼可爱。

　　古榕宫宫门悬挂"古榕境地"匾，宫门与正殿间是天井，两翼配有通廊。正殿悬山顶，燕尾翘脊。殿中供奉赵公明，作为古榕境主。相传每年农历九月十五赵公元帅诞辰，里人用八抬大轿出巡境铺，善男信女各自在家门口设诞桌，迎神出庙，祈求风调雨顺，国泰民安。20 世纪 30 年代，国民政府象峰镇公所曾设在古榕宫内。1937 年抗日战争全面爆发后，古榕宫成为泉州抗日大刀队队部。因年久失修，1958 年已濒临倒塌，后被夷为平地，遗址尚存。

2. 泉州浮桥龙济宫

龙济宫又名"玄坛公宫"，俗称"引公宫"，位于鲤城区浮桥街。建于明正德年间，奉祀文财神赵公明元帅，兼祀武财神关圣帝君。龙济宫是泉郡府城仅存的财神庙，专祀财神是龙济宫独具一格的特点。龙济宫经历明清和民国数次落架大修，殿宇基本保持原状。明隆庆进士、四川按察使张治具撰联"天君如虎奋雷霆，地宅号龙兴云雨"的石柱，依然品相完好，是不可多得的镇宫之宝。

正月初四、初五，商贾摊贩张灯结彩，广邀亲朋开筵敬财神，以求生意兴隆、财源广进。农历三月十六和八月十六玄坛公神诞，善男信女争相敬献鸡鸭鱼蔬、红酒水果，祈求发财如意。

3. 同安正一宫

正一宫又称"玄坛宫"，位于厦门同安祥平街道西溪里。始建于明嘉靖戊子年（1528 年），清道光丙申年（1836 年）重修。1980 年、2000 年翻建，基本保持原有风貌。宫坐南朝北，前后两殿，中有卷棚顶拜亭连接，面宽 7.3 米，通进深 15.3 米。前殿面阔三间，穿斗式梁架，平开三门，明间屋面抬升呈牌楼式屋顶，三段式翘脊，前后屋面各四条垂脊。后殿面阔三间，进深五柱，抬梁式梁架，硬山顶，燕尾式翘脊，殿内神龛奉祀赵公明。该宫保存较多清代石木构件，其中清代石构件雕工精巧，汇集了减地浮雕、高浮雕、浅浮雕、多层透雕、线刻等多种技法；题材罕见，包括人物故事、花卉鸟兽、"八蛮进宝"等纹饰。门前石狮、门墩石及宫内数对石柱础保存较好，方亭四角两对辉绿岩龙凤柱，雕工精湛，为厦门地区所仅见。

4. 漳州步文正一灵宫

正一灵宫位于龙文区步文镇步文村莲池尾社。相传正一灵宫始建于南宋德祐年间，清雍正年间随原莲峰社搬迁步文村莲池尾社。现存建筑系1949年所建，1989年重修。单进，三开间，进深三间，悬山顶，坐北朝南，面积142.5平方米，宫前有拜亭和庙埕，正殿供奉玄坛爷赵公明。宫内有明崇祯漳州府尹敬谢的"正一灵宫"匾和信士答谢的"虎爷轿"，还有西边社武举人王荣元答谢的"赫赫威灵"匾。

漳州比干庙在漳州城区振成巷，原为三进，现仅存第二进四方殿，主祀文财神比干。比干被认为是林氏始祖，比干庙由漳州林氏宗亲创建于南宋，除奉祀宗族香火外，还为往来赴考的林氏宗亲提供食宿之便。

5. 平和西林侯山宫

侯山宫位于平和小溪镇西林村，始建于明正德三年（1508年），主祀玄坛元帅赵公明，民初增祀关圣帝君，左侧附建碧云室供奉观世音菩萨。

《西山李氏族谱》记载，明宣德七年（1432年）举子李峤等入京赴考，夜宿贡院，一天半夜忽见一黑面长须长者高呼："灾难到了，快快起来，我来救你，你也要来救我……"李峤猛然惊醒，见楼下大火冲天，浓烟滚滚，原来贡院失火，急忙唤醒众人，寻路逃命，但梯道已被大火封死，再无出路，退至神房（当时贡院专设神房供奉各路神明），忽见玄坛元帅金身，正是梦中所见之人，忙将金身拥入怀中，纵身从楼上跳下，安然无恙。为感神救命之恩，李峤于是在红厝仑（原名西山岭）建庙设坛供奉玄坛元帅，取名"敦和宫"，因其神威显赫，备受四方信士崇拜，遂成一方名庙。正德三年（1508年），敦和宫迁建现址。正德十二年，敦和宫改名"侯山宫"。正德十四年，御史张宽为侯山宫题"握符佑世"匾。

每年正月初十至十五日，是侯山宫的重要活动日期，届期延请道士举行上元祈安清醮，和游龙演戏等民俗文艺活动。惯例正月十五是玄坛元帅金身出巡日子，俗称"题九"，最具特色。农历三月十六日玄坛元帅圣诞，由宫中道士诵经，举行祝寿清醮，各方信士敲锣打鼓，抬着猪公、龟粿来宫朝拜祝寿。

清乾隆二十八年（1763年），西山李氏族人渡台。李创父子专程回故里请侯山宫玄坛元帅金身到南投县草墩建庙奉祀，仍名"敦和宫"。后分灵南投、台中、彰化、桃园、澎湖等地，建玄坛元帅庙20余座。

第二节　戏曲神

1. 东山郎君庙

中原传统戏神，一般认为是唐玄宗李隆基，他精通乐律，作曲多种，流传甚广，因此被奉为戏神。而闽南南音戏神却是孟府郎君孟昶，海内外南音界皆奉孟昶为南音鼻祖，尊称"郎君爷"、"孟府郎君"，俗称"老爷祖"，并建庙奉祀。

孟昶，唐末五代十国后蜀主，精通声曲，妃子花蕊夫人尤擅宫诗，夫唱妇随，志同道合，将中原宫廷音乐与秦川民间曲调融为一体，共创管弦新腔。赵匡胤平蜀，孟昶携花蕊夫人投宋，七日后病卒，谥封楚王。孟昶逝后，花蕊夫人勉承宋太祖召纳，与西川139位乐工将后蜀管弦传入宋都教坊，成为宋廷音乐，即梨园曲，世称南曲、南音。花蕊夫人因时常抚弄管弦追忆孟昶，故绘其像祀之，恰遇太祖见闻，谎称"此神张仙，奉者多子"。太祖信之，即焚香祷祝。太祖得子后，敕封为郎君大仙，特赐春秋二祭。南音作为国乐于宋末随皇室南迁进入闽南。

南音作为一种民间曲艺，在其发展过程中形成一套独特的祭祀礼仪。以二月十二和八月十二的春秋两季"祭郎君先师"孟昶的活动最重要，规模也最大。祭祀厅堂中悬挂郎君先师画像和南音先贤名录，设香案筵桌，供上香、花、灯、果、金山、银山、匹白、烛、酒、五牲、六斋、汤一碗、米饭一盏、龟粿等祭品。祭礼开始，通常演奏《金炉宝》，主祭官就位，上香，晋爵，读祭文，跪、叩礼毕。祭郎君之后再祀先贤，仪式大致相仿。祭祀时奏《五湖游》，曲唱《画堂彩结》，各地不尽相同。祭毕，卜头领龟粿，以问卜的形式决定下届"祭郎君先师"的头人。

东山郎君庙既是宫庙，也是民间南音乐社，又称"郎君府"、"老爷宫"、"老爷庙"，有两处：一为御乐轩，俗称"下间"；二为御乐居，俗称"顶间"。二庙皆位于铜陵镇铜兴村，始建于清乾隆年间，奉祀南音始祖孟昶，乐社形成时间或许更早。

东山最初奉祀老爷祖（郎君爷）并组建的南音乐社是御乐堂。相传清乾隆年间，诏安少年林贤被父母虐弃，流落东山，一日遇见有名的算命先生阿斗仙，断定他日后显贵，并赠银两相助。林贤中举后，遂回赠大笔银款给阿斗仙。阿斗仙便用这笔银款购置一间南音曲坊供民众娱乐，取名"御乐堂"，奉祀老爷祖，并延师授艺。阿斗去世后，堂内不和，乐班散伙，神像寄奉民间。不久，御乐堂传人另组乐班，一分为二，一为御乐轩，一为御乐居，再承老爷祖香火，传艺后世。

御乐轩坐落于铜兴村布埕，庙面阔一间，进深一间，另辟有演奏厅。御乐轩供奉孟昶神像，配祀蜀将赵廷隐、太子孟元喆。门额"御乐轩"鎏金石匾，石刻门联"御苑萧笙吹白雪，乐轩歌舞奏黄钟"。从神龛原题楹联"或啼或笑真面目，为歌为舞改声容"可知，梨园曲（南曲）初创时期与舞、戏三艺一体的原始风貌。轩中现存"郎君府"古匾一方，古拍板、琵琶各一，并收藏古抄本《四平锣鼓总纲》一册。

御乐居坐落于铜兴村红厝池畔，建筑面积 110 平方米，大殿抬梁式木构架，悬山顶。门额鎏金"老爷庙"石匾，门联为"保国护民同称郎君，安邦济世共颂千秋"。大殿悬"威灵显赫"匾，题联"蜀帝圣名昭万代，孟皇乐曲奏千秋"。右厢门额"御乐居"石匾。殿内供奉郎君爷孟昶，配祀金鸡、玉犬二大将军，俗称"鸡老爷"、"狗老爷"，相传为孟昶部下乐师。

东山南音乐班与民众一直循袭古礼奉孟昶为老爷祖。学曲少儿，须到老爷庙晋香朝拜，然后喝"老爷茶"，以求平安顺利，记性好，学艺快。外地来此演出或本地出外演艺人员也必先到老爷庙叩拜，以祈吉利。每年农历二月十二日，民众成群结队到老爷庙焚香祭祀，供品十分丰盛，程序十分讲究。铜兴村民分十户一组，十年一次轮流当"头家"，其他九户村民和亲友皆到"头家"家中吃"老爷生"，此习俗沿袭至今不变。

2. 南安坑口相公宫

田都元帅，俗称"相公爷"，在泉州为专职戏神，各庙多有奉祀，凡傀儡、梨园诸戏班必供奉之。

南安罗东振兴村坑口有一座相公墓和一座奉祀戏神的坑口宫。相公墓传说是唐代宫廷乐师雷海青之墓，也可能是后人崇祀戏神雷海青的衣冠冢。何时营造无考，现存是明万历二十八年（1600 年）修造，1988 年重修。相公墓由墓区和墓埕组成，占地面积约 50 平方米。坐南朝北偏东，平面呈风字形，三合土构筑，坟丘作龟形，面积约 30 平方米。墓前有一花岗岩石砌小宫，宫内竖立长方形辉绿岩墓碑，正中阴刻竖排楷书"相公墓"三个大字，外加阴刻单线长方形缫首框，左旁落款阴刻竖排楷书"万历庚子立"五个小字。墓碑前设一花岗岩石案（墓桌），上置一花岗岩石香炉，阴刻横排楷书"田元帅"三字。小宫屋顶用单块花岗岩石雕成，略似单檐歇山顶。1996 年在墓埕上增筑一座六角形重檐攒尖墓亭。

坑口宫位于相公墓东侧，中间隔着公路和小溪，主祀戏神田都元帅雷海青，配祀从神大舍（金鸡）和二舍（玉犬）。传说坑口宫始建于唐（或说北宋），未见文献记载，亦无碑记留传。坑口宫由大殿和拜亭组成，面积约 300 平方米，坐向与相公墓相同。大殿仅一进，原为三开间硬山式建筑，重修改为单檐歇山顶，青蓝色琉璃瓦，燕尾屋脊，装饰剪瓷双龙和小塔，前廊竖立一对辉绿岩透雕蟠龙石柱。大殿前新建方形单檐歇山顶拜亭。大殿西侧小溪上建有一座花岗岩单拱"海青桥"，后近年台北行德宫在桥上捐建三开间廊屋，故又称"大行德桥"。清光绪举人、内阁中书戴凤仪曾为坑口宫题写对联："坑水环流，胜地好栖元帅庙；口碑载道，孩童亦识相公名。"坑口宫被认定为戏神田都元帅雷海青信仰的祖庙。

雷海青，历史上确有其人，为唐玄宗宫廷乐师。安禄山攻入长安，掠文武朝臣及宫嫔、乐师，送至洛阳，在凝碧池作宴，并露刃威迫众乐工奏乐。雷将乐器掷地痛哭，以示抗寇，被安禄山肢解示众，王维有诗咏其事。传说雷海青曾显灵助郭子仪率唐军攻取长安，因战场上有人望见天空中出现"田"字旗号（其实是"雷"字上半部被云雾遮住，只见"田"字），雷海青于是被称为"田相公"。唐玄宗曾追封雷海青为忠烈乐官、天下梨园都总管，唐肃宗加封他为太常寺卿，宋高宗又封他为大元帅。故莆仙一带称为田公元帅，泉州一带则称田都元帅、相公爷。

雷海青乃唐代宫廷乐师，造诣很深，忠烈而死，深受人们敬仰怀念。坑口村既传为雷海青故乡，在历史上是有名的"戏窝"和"道士窝"，山里又居住着姓雷的畲族人，因此极有可能最先建造崇祀雷海青的庙宇——坑口宫，从而成为戏神雷海青信仰的祖庙。

雷海青作为戏神，主要因为受到许多福建地方剧种的崇祀，如梨园戏（大梨园、小梨园）、傀儡戏（提线木偶）、布袋戏（掌中木偶）、高甲戏、打城戏、莆仙戏、歌仔戏（芗剧）、闽剧、竹马戏、大腔戏、小腔戏、四平戏和闽西汉剧等。广东潮剧、江西弋阳腔，乃至台湾地区的京剧也都崇祀戏神雷海青。

雷海青不仅是戏神，而且成为许多地方的保护神——铺境或村社的挡境境主，福建绝大部分地方都建有供奉田都元帅的宫庙，尤其泉州地区几乎遍布城乡。据不完全统计，从前泉州市区共有供奉田都元帅的宫庙94座，其中作为铺境或村社境主的占大多数。

据统计，台湾现供奉田都元帅的宫庙达200余座；多认南安坑口宫为祖庙。其中年代最早的是台南市西势村蕃薯厝的元帅庙，建于清雍正十三年（1735年）。1997年，台湾台北行德宫管委会主委柯武田先生等人前来南安坑口宫谒祖，购地2000多平方米铺展坑口宫前大埕，捐资建造海青桥廊屋和两层楼接待室，并立《虔诚之心万里迢迢专程认祖缘起》石碑。

第三节 猎王神

厦门同安汀溪镇茬畲村有一座猎王神庙，始建年代不详，为清代风格的单开间小庙。庙坐北朝南，面宽2.6米，进深2.9米，硬山顶，燕尾脊。庙内没有神像，后壁正中嵌有长方形"猎王神位"石碑，上、下款为："乾隆四十年二月吉旦"、"沐恩弟子方行纶□□"。畲族人每年正月初二日上山打猎都要先行祭拜猎王神，此建筑为当地畲民早期信仰的遗迹。

第四节 祖师爷

1. 同安莲花灵应亭

灵应亭位于同安莲花白交祠村，始建于清代，1999年于原址重建，为单间单体建筑。灵应亭坐东北朝西南，敞厅形式，三面石墙，面宽 5.1 米，进深 7.3 米，硬山顶，燕尾脊。亭内供台奉祀木匠祖师爷鲁班，供台立面饰彩绘泥塑麒麟纹。此庙奉祀鲁班，始自清代，为厦门地区所仅见。

2. 德化祖龙宫

祖龙宫坐落在瓷都德化宝美村卦寨山（亦称福泉寨）之东，宫中供奉窑坊公林炳。

宋代早期的德化瓷窑都是平顶条形或方形的小窑。相传瑶台市（今宝美村）的林炳率先试拱大窑，但屡试塌顶。林炳有一次梦见一位祖胸露乳、喉吐烟雾的仙女飘然而至，受梦中启发，遂将窑房改砌成如女人乳房一样的拱圆穹顶主窑室，通称大窑（亦称"鸡笼窑"），在它的两旁再砌上两个小奶窑（亦称"狮耳"）。两个小奶窑的作用有二，一是护住主窑室，二是烧窑时窑囱可以拔焰消烟。这样，烧窑时大窑就不再塌顶，而且烧出的瓷器量多质好。后来，林炳又利用有坡度的山地，因地制宜，把多个窑房串联起来，使之既增加容量、加固窑体，又能充分利用烧成过程中的热能。这为窑房以后的演变以及发展成龙窑（亦叫"蛇目窑"）奠定了坚实的基础。

林炳制窑成功，在德化陶瓷发展史上具有划时代的意义。据日本有关陶瓷文献记载，宋代有一个叫加藤四郎的日本人来德化学习陶艺，将鸡笼窑的拱造和烧成技术带回日本，砌成"德化窑"，并尊奉林炳为"陶祖神"。

德化做瓷人为感激仙女的大恩大德，按照林炳所述的容貌姿态塑造了玄女像，建造玄女宫，并尊虞圣帝（即舜帝）为瓷界圣神。同时也为林炳塑像，安放于玄女之右，尊为"窑坊公"。窑工每建新窑，都要迎窑坊公监窑，举行祭窑仪式。

明初，将玄女宫改名为"白沙宫"，又在白沙宫的右畔建造一个瓷窑。清咸丰六年（1856 年），重修白沙宫，并更名为"窑尾宫"（即霞美宫），增加侍奉朝天圣侯文天祥和闽王王审知圣像。清同治年间，为缅怀林炳最先制成大窑、解决烧成难题的历史功绩，又将最早的玄女宫改名为"祖龙宫"。

3. 同安后溪仙公庙

仙公庙位于厦门同安溪声村。始建于明代，清道光五年（1825 年）重建，1992 年翻建。庙坐西南朝东北，前后两殿，中为卷棚顶方亭连接，面阔 7.4 米，进深 14.3 米。前殿为凹寿门，上悬"溪銮殿"门匾，抬梁式梁架，明间屋面抬升为牌楼式屋顶，中脊为三段式翘脊。后殿面阔三间，进深五柱，抬梁式梁架，重檐歇山顶，厅内神龛奉祀神农氏（即炎帝）。清代至民国时期，溪声村一带是同安烧造民间粗用陶瓷较为集中的地区，分布众多陶窑，产量很大。仙公庙是窑工们祭祀窑神、祈求烧窑顺利的场所，也是厦门现存与窑神祭祀有关的唯一宫庙。

原版后记

笔者生于安溪文庙廖厝馆，襁褓中寄籍泉州，自幼生长在这座素有"世界宗教博物馆"之称的历史文化名城。从小对闽南民间信仰耳濡目染，得益于闽南文化的熏陶浸染。平日经常出入奇仕宫、关岳庙、花桥宫嬉戏游玩，对房东老太的神龛与节俗拜拜，更是屡见不鲜。因此，早就熟识奇仕妈、帝爷公、花桥公、圣王公、祖师公……近年来，由于参与了一些地方民间社团工作的缘故，曾经从事过一些闽南民间信仰宫庙田野调查活动，写过有关民间信仰的文章，有缘分结交一帮三教九流的朋友。于是常被人善意调侃，说我"吃尪公"的有之，说我"开牛鬼蛇神会"者亦有之！殊不知，民间信仰虽有迷信色彩，毕竟也是闽南文化不可或缺的重要组成部分，且关系两岸同根的历史渊源，亦可登学术研究大雅之堂！

"此地古称佛国，满街都是圣人"[①]。闽南民间信仰宫庙及其神祇，对于传统的闽南人，可谓家喻户晓，妇孺皆知，耳熟能详。然而，闽南民间信仰宫庙及其神祇成千上万，实在无法穷尽，看似简单，其实深不可测。本书较多参考了泉州市区道教文化研究会编《泉州市区寺庙录》，吴幼雄著《泉州宗教文化》，陈鹏主编《泉州与台湾关系文物史迹》，刘子民著《寻根揽胜漳州府》，周跃红主编《漳州与台湾同根神祇》，郑镛主编《漳州文史资料》第 27 辑《漳州庙宇·宫观专辑》，郑镛、涂志伟编著《漳州民间信仰》等有关著述，未及逐一注明，谨致由衷谢

---

① 泉州开元寺天王殿所悬近代高僧弘一法师书南宋理学宗师朱熹撰联句。

忧！惶惶然犹恐挂一漏万，贻笑大方，尚祈乡贤耆老仁人君子批评指教。

连心豪

2007 年 12 月